HISTOIRE ABRÉGÉE

DE LA

RÉGENCE DE TUNIS

HISTOIRE ABRÉGÉE

DE LA

RÉGENCE DE TUNIS

PAR

ALPHONSE DILHAN

PARIS

IMPRIMERIE BALITOUT, QUESTROY ET Cᵒ

7, RUE BAILLIF ET RUE DE VALOIS, 18

—

1866

PRÉFACE

Nous n'avons point la prétention d'écrire l'histoire de la Régence de Tunis.

Nous reconnaissons notre impuissance à la faire complètement, et nous nous contentons d'un abrégé, résultat d'études sérieuses et de patientes recherches.

Un séjour de sept années en Algérie a facilité notre travail, et, dès 1857, nous avons profité de notre présence en Afrique pour réunir les éléments nécessaires à cet ouvrage.

Nous désirons qu'il soit trouvé suffisant, et nous avons l'espoir qu'il nous sera tenu compte de nos efforts.

INTRODUCTION

Deux moyens s'offrent à qui veut étudier la topographie d'un pays : la carte géographique et la description graphique ; deux moyens incomplets séparément et ne pouvant guère se compléter l'un par l'autre que pour les natures douées d'une imagination vive. Encore faut-il que ces natures, pour se faire une idée à peu près exacte du caractère général d'une contrée, aient pu se rendre compte, *de visu,* de sites, de terrains, de végétations, de système hydrographique analogues.

Malgré tout, comme la vue en détail de chaque partie du sol d'une vaste contrée ne peut arriver facilement à parfaire. un ensemble, on restera toujours au-dessous de la réalité.

L'an dernier, il a été grandement question, dans tous les journaux scientifiques et autres, d'un admirable projet qui, s'il est mis à exécution, fera plus pour la connaissance exacte d'un royaume que tous les livres que l'on pourra écrire, que toutes les cartes que l'on pourra dresser, que tous les dessins et les vues photographiques possibles.

Il s'agissait de construire, sur un terrain de cinq cent mille mètres carrés exclusivement consacré à cet effet, le plan en relief de la France réduite au millième, avec toutes ses montagnes, ses cours d'eau, ses forêts, ses villes, villages, routes, chemins de fer, etc., etc.

Nous espérons que ce projet n'est point abandonné, qu'un jour prochain il sera mis à exécution, que même il recevra un développement grandiose par l'agencement d'un travail similaire pour tous les pays qu'un intérêt direct rattache à notre commerce ; nos colonies en première ligne.

Cette manière, aussi simple que commode de l'étude de la géographie, aura le double avantage et d'économiser beaucoup de temps, et de laisser, en frappant l'imagination, la mémoire impressionnée de tableaux qui ne s'effaceront jamais.

On ne se doute pas des immenses services qu'un tel système est appelé à rendre, aussi bien pour l'étude de la météorologie considérée au point de vue des ondes atmosphériques et des routes suivies par les ouragans, que pour l'étude des cultures et de l'agronomie en général.

Ainsi, déjà et depuis longtemps, nous avons à Paris, dans les combles de l'hôtel des Invalides, les plans en relief de toutes les places fortes de France ; mais ces petits chefs-d'œuvre, mathématiques reproductions en miniature, pour ainsi dire, des villes, ne sont que des détails isolés ; le succès de curiosité qu'ils offrent est d'autant plus stérile que ce musée n'est ouvert au public que six semaines sur cinquante-deux chaque année.

L'Amérique annonce pour l'Exposition de 1867 l'envoi du plan en relief de la ville de New-York sur un développement de quarante pieds de long sur autant de large. L'Amérique nous devancera dans l'exécution du plan topographique des États-Unis. Nous, nous avons attaché le grelot.

Telles étaient les idées qui nous préoccupaient en étudiant les trois ou quatre cartes de la Régence de Tunis que possède la Bibliothèque impériale ; cartes qui représentent ce pays à peu près comme la silhouette d'un homme découpée dans une feuille de papier noirci représente la physionomie du modèle.

Pour tracer l'histoire d'un pays et pronostiquer son avenir, ce qu'il faut connaître, indépendamment de sa position et de sa forme géographiques, de son développement territorial, c'est : la nature de son sol intimement liée à à celle des races d'hommes qui l'occupent et à celle de la flore qui le couvre ; c'est son système hydrographique, modifiable suivant le besoin par le génie des habitants ; c'est sa situation topographique considérée au point de vue des frontières, à cause du rayonnement d'influence que peuvent exercer les populations limitrophes ; c'est aussi le caractère génial des races d'hommes autochthones ou conquérants qui y vivent, leurs mœurs, leurs us et coutumes, leurs préjugés, leur aptitude aux sciences, aux arts, à l'industrie, en un mot leur éducation morale et professionnelle.

De profondes et sérieuses études spéciales

sur la Régence de Tunis (1) nous encouragent aujourd'hui à écrire l'histoire si mouvementée de cette contrée, qui est appelée à devenir un jour, comme elle le fut jadis, le plus ravissant pays du monde.

La Tunisie, — si, par la pensée, nous comblons ses deux grands golfes au moyen de ses terrains qui font saillie dans la Méditerranée, — figure un parallélogramme de cinquante lieues de large de l'Ouest à l'Est, sur cent lieues de long du Nord au Sud.

Son étendue superficielle se trouve donc être de cinq mille lieues carrées, soit : quatre-vingt mille kilomètres carrés, ou encore : huit millions d'hectares ; c'est-à-dire un peu moins que notre seule province de Constantine qui la borne à l'Ouest suivant une ligne frontière fixée par par un traité spécial en 1845.

Au Nord et à l'Est la Méditerranée baigne ses côtes sur une étendue de parcours d'environ six cents kilomètres. Au Sud-Est se trouve la Régence de Tripoli. Au Sud, elle n'a d'autres limites que les sables du Sahara.

(1) Études faites en Algérie alors que nous servions aux spahis et sur la frontière de la Régence.

La Régence de Tunis est aujourd'hui le moins étendu des États barbaresques, mais en revanche il est de beaucoup le plus civilisé. Son gouvernement, un des plus progressistes, est aussi un des moins arbitraires de ces contrées.

Son territoire occupe le centre de l'ancienne Afrique proprement dite (*Ifrikia*), qui se composait principalement de ce qui s'appelle maintenant Régence de Tripoli, Régence de Tunis et province de Constantine (Algérie). Il se trouve géographiquement situé entre le 33e et le 38e degrés de latitude Nord, et entre le 5e et le 9e degrés de longitude orientale du méridien de Paris.

Essayons de mettre en pratique, mentalement tout au moins, le projet de plan en relief de cette magnifique province, et pour contempler à vol d'oiseau la partie la plus importante de son territoire, pour suppléer à l'insuffisance des cartes géographiques, gravissons le sommet d'une des plus hautes montagnes de la Tunisie, le *Djebel-Zaghouan* qui mesure treize cent soixante mètres d'altitude.

Un immense et admirable panorama se déroule au loin, et la vue peut s'étendre jusqu'à une distance de plus de vingt-cinq lieues.

Au Nord : Tunis et son lac, l'emplacement où fut Carthage, le vaste golfe de quatorze lieues d'ouverture que délimitent, à droite, *Rass-Addar* ou cap Bon, à gauche, *Ras-Sidi-Ali-el-Mekki,* l'ancien promontoire d'Apollon.

Au Nord-Est : toute la presqu'île du cap Bon, comprenant une étendue de dix-huit lieues sur huit lieues.

Au Nord-Ouest : les montagnes qui dominent la fertile vallée de l'*Oued-Medjerdah,* magnifique rivière dont la source se trouve en Algérie et qui, après un cours de plus de cent lieues, va se jeter à l'entrée du golfe de Tunis, non loin des ruines de l'ancienne *Utique,* patrie de Caton.

A l'Ouest : les montagnes de *Kef,* à huit lieues des frontières.

(Toute la région que nous venons de nommer, pays montagneux, couvert de chaînes élevées courant dans différentes directions, entrecoupées de vallées et de vastes plaines les plus fertiles qu'il soit possible d'imaginer et sillonnées de nombreux ruisseaux, toute cette région est la continuation des Hautes-Terres qui couvrent le Nord de l'Algérie, et que les Arabes appellent *Tell.*)

A l'Est : la ville d'Hammamet et son beau golfe de dix-sept lieues d'ouverture.

Au Sud-Est : les hauteurs du *Djebel-Lierad* ou *Djerad*, et de *Takroun ;* les villes d'*Herguela* et de *Sousa*.

Au Sud : le mont *Djougar* et le massif beaucoup plus méridional des monts *Ousselet*.

En un mot, la moitié septentrionale de la Régence apparaît successivement aux regards à mesure que l'on interroge les divers points de l'horizon.

De cet observatoire aussi, on suit, on perd, on retrouve pour la reperdre et la retrouver encore toute la ligne du fameux aqueduc de Carthage, qui, traversant collines et vallées, tantôt disparaît sous terre, tantôt surgit du sol et s'élève. Cette ligne, avec son embranchement du *Djougar* et les détours qu'elle décrit, a environ trente-deux lieues, — un tiers de plus que la ligne droite.

C'est cette montagne de *Zaghouan* que, trois cents ans avant notre ère, le célèbre aventurier grec Agatocle avait gravie lorsque, — d'après Diodore de Sicile, — il quitta avec un faible détachement, Hadrumète qu'il assiégeait, pour marcher au secours de Tunis, dont les Carthaginois allaient s'emparer.

Du haut de la montagne il pouvait être aperçu et par les habitants d'Hadrumète (à dix-huit lieues de là) et par les Carthaginois (à douze lieues du côté opposé), qui assiégeaient Tunis. Il imagina un stratagème qui répandit à la fois l'incertitude et la crainte chez tous ses ennemis. Par son ordre, ses soldats allumèrent, la nuit, de grands feux sur un large espace de la plate-forme de la montagne. D'un côté, les Carthaginois, croyant que le général s'avançait à la tête d'une immense armée, s'enfuirent dans leurs murs, abandonnant leurs machines de guerre; de l'autre côté, les habitants d'Hadrumète, persuadés qu'un grand renfort arrivait aux assiégeants, se rendirent à discrétion.

Ne quittons pas le Djebel-Zaghouan sans admirer la magnificence de végétation de ce district montagneux. L'abondance des sources d'eau y dépasse tout ce que l'on peut voir dans le reste du pays. Le climat y est tempéré et très-salubre. La campagne est couverte de riches plantations qui en font un véritable et immense jardin toujours vert et chargé de fleurs et de fruits perpétuels.

Ailleurs qu'en Tunisie, en France par exemple, ou en Europe, ce district serait couvert à profusion de villas et de maisons de plaisance. De la capitale un chemin de fer y transporterait en une heure les habitants chaque soir après la clôture des affaires et les en ramenerait le lendemain matin.

Cependant il n'y a pas encore à désespérer que cela se fasse un jour, quand nous en aurons donné l'exemple dans notre colonie d'Algérie, quand la nature arabe, rebelle à tous progrès pendant si lontemps, aura apprécié les avantages de nos systèmes de locomotion et les charmes de la villégiature.

Il est évident pour tout le monde que ce n'est que par la comparaison que l'on peut se rendre un compte exact de l'état des choses sur lesquelles on veut porter un jugement.

Ainsi, la France comportant une superficie de territoire de cinquante-deux millions d'hectares accuse une population d'environ quarante millions d'habitants. La région septentrionale nourrit plus d'un habitant par hectare, et il est permis de supposer qu'avant la fin du siècle, grâce aux incessants progrès de l'agriculture, au dessèchement des marais, à la plantation des landes désertes, le contingent atteindra sa limite normale d'un habitant par hectare.

La Tunisie, à l'époque de l'occupation romaine, recensait plus de vingt millions d'habitants, c'est-à-dire que cette contrée exceptionnelle nourrissait plus d'un habitant et demi par hectare et que sans ses exportations incessantes et prodigieuses elle eût pu en nourrir le double.

Alors, cette contrée comprenait une grande partie de notre province de Constantine qui n'a guère aujourd'hui plus de cent mille habitants, et une petite portion de la Tripolitaine.

Aujourd'hui à peine si elle compte trois millions d'habitants.

On ne rencontre à chaque pas que ruines immenses de cités jadis prospères; il serait presqu'impossible de voyager une heure sans se heurter à des vestiges de l'antique civilisation, jusqu'en plein Sahara, dont on exploitait les sables aurifères.

La position astronomique de la Tunisie nous représente cette contrée traversée par les mêmes parallèles à peu près que le Maroc et l'Algérie, en Afrique; la pointe méridionale de la Sicile et quelques îles de l'archipel grec; Chypre, dans les parages maritimes du Levant; la Syrie, la Mésopotamie, la Perse, le Thibet, la Chine et le

Japon, en Asie ; la Californie , le Mexique, le Texas, l'Arkensas, le Mississipi, l'Alabama, le Tennessee, la Georgie et la Caroline, en Amérique, contrées de l'hémisphère boréal dont elle reproduit sous divers aspects le climat, la faune et la flore.

Dans l'hémisphère austral, l'isothermie des climatures la rapprochent du cap de Bonne-Esrance, en Afrique ; de la Nouvelle-Galles du Sud, en Australie ; de la Plata, dans l'Amérique méridionale.

Nous pouvons affirmer qu'elle peut représenter toutes les fertilités de tous les pays que nous venons de citer.

Sa température la place dans la zone tempérée chaude, quoiqu'elle se trouve à une très-notable distance du tropique, et nulle contrée de la terre n'est plus admirablement située pour réunir les productions des climats les plus divers, en ce sens qu'elle occupe la région moyenne des terres cultivables, entre l'équateur et le 70e degré de latitude Nord.

Considérée de la nacelle d'un ballon à six mille mètres d'élévation, le sol de la Tunisie, dans sa disposition à l'extrémité du continent africain, ressemblerait à une presqu'île hérissée de monts, découpée en des milliers de cases très-irrégulières de couleur, d'aspect, de niveau et de surface, baignée de lacs assez vastes, sillonnée d'une prodigieuse quantité de cours d'eau, et entourée au Nord et à l'Est d'une ceinture liquide, au Sud d'une autre ceinture de sable, à l'Ouest d'une barrière de rochers qui, partant de l'Océan et après avoir traversé le Maroc et l'Algérie, viennent se perdre et s'éteindre en cet endroit.

Le système hydrographique de la Tunisie se compose d'innombrables ruisseaux dont les uns se réunissent pour former des rivières plus ou moins larges, profondes et rapides, mais dont aucune n'est navigable. La plupart vont se rendre dans la Méditerranée au Nord et à l'Est. D'autres s'écoulent dans les lacs et les marais intérieurs ; d'autres enfin vont se perdre dans la mer de sable du désert.

Beaucoup de ces cours d'eau, après avoir fourni un parcours de quelques lieues, se trouvent tout à coup absorbés par les sables et ne reparaissent qu'à une assez grande distance.

Le ou la Medjerdah qui traverse, après mille sinuosités et après avoir reçu le tribut de plusieurs centaines de ruisseaux importants, la

Tunisie du Sud au Nord vers sa frontière de l'Ouest, est la plus remarquable des rivières de ce pays. Elle parcourt et arrose la contrée des terres les plus fertiles, des forêts les plus épaisses, des herbages les plus gras où paissent de nombreux troupeaux de bœufs et de moutons, des cultures les plus variées, des cités les plus populeuses et des villages les plus industrieux.

Les Kabiles y habitent des maisons de pierres groupées en villages, autour desquels de beaux jardins étalent leurs cultures très-soignées de légumes et leurs luxuriantes plantations, tandis que les Maures sont généralement installés à demeure dans les villes, centres de commerce et d'administration.

Notons en passant, mais pour y revenir plus en détail, qu'il n'est peut-être pas de pays dans tout l'univers qui soit plus riche en sources d'eaux minérales et thermales dont l'efficacité, si connue déjà des Romains qui y avaient construit des bains magnifiques, a traversé une longue période de siècles, et continue à guérir les rares malades qu'une population réduite leur envoie.

Si nous prenons maintenant la Tunisie au

point de vue climatérique, nous pouvons constater que partout l'atmosphère est pure; les
brouillards sont rares, et la légère brume qui se
montre avec le lever du soleil disparaît peu de
temps après. L'hiver y est pour ainsi dire in-
connu, car la température moyenne des mois les
plus froids se maintient constamment de 10 à 12
degrés au-dessus de zéro. La température *mi-
nima* ne descend peut-être pas une fois par an à
zéro dans les plaines du littoral.

Cependant l'échelle des variations diurnes est
assez considérable; mais c'est une simple question d'habitude et de soins hygiéniques élémen-
taires pour s'acclimater.

En compensation, toutes les maladies que
produisent le froid et l'humidité — et la série
en est longue, — y sont presque totalement
inconnues. La phthisie pulmonaire y trouverait,
mieux qu'en Italie, une guérison à peu près
assurée.

Malgré l'excellence de ce climat en général, la
mortalité est grande dans certains districts à
cause des fièvres intermittentes. Deux causes
principales y concourent : l'une, toute locale,
provient des émanations toxiques, non mortelles
mais malfaisantes, que respire l'ouvrier qui

défriche des portions de terre où les détritus
animaux et végétaux se sont accumulés depuis
des siècles ; l'autre cause, toute personnelle, se
produit par l'insalubrité des logements, les
mauvaises conditions de vêtements, de nourriture et aussi de médication, le défaut de précautions hygiéniques, l'abus des liqueurs, et les
excès dans les plaisirs.

Quant aux marais, — de véritables marais
dans toute l'acception géologique et médicale
du mot, — terres submergées où les eaux sé-
journent sans issue possible ni par le fond, ni
par les côtés, il serait facile, avec un peu d'initiative, de faire disparaître leur insalubrité. Il
suffirait de creuser des canaux d'irrigation, d'é-
tablir des drainages ; les marais deviendraient
des terres saines et fécondes et le sol émergé
produirait de magnifiques cultures.

On reproche aux eaux de boisson d'être généralement malsaines ; la faute doit en être rejetée sur les habitants, qui ne se préoccupent
nullement de les approprier aux usages domestiques. L'usage des fontaines filtrantes n'a point
encore pénétré en Tunisie. Dans les contrées de
l'Est et du Sud on trouve beaucoup d'eaux sau-
mâtres, mais cette salure est sans inconvénient

pour la santé. En France, on trouverait moyen
de les corriger et même d'en tirer profit.

Un dernier mot sur les marais. Lors des
premières années de l'occupation de la Metidja
par nos colons d'Algérie, à Boufarik les fièvres
paludéennes enlevaient chaque année un cinquième des habitants. Depuis plus de douze ans,
Boufarik est un des lieux les plus salubres de
toute l'Algérie et même des localités de France
renommées pour leur excellence climatérique.
Il a suffi de dessécher les marécages, au milieu
desquels la ville avait été bâtie, par des canaux
de dérivation des eaux, par des plantations, par
la culture, et le climat empoisonné de Boufarik
est devenu un climat modèle.

Le règne minéral est peu varié en Tunisie;
les fouilles n'y ont point été faites sérieusement
et l'on s'est contenté de ce qui affleure le sol :
fer, plomb, argent.

C'est de ce côté un pays vierge, à qui le
temps, et vingt siècles ont refait une virginité.

La faune n'y a pas non plus de grands déve-
loppements.

Les oiseaux ne sont pas très-nombreux, sauf
la perdrix qui abonde, et le pigeon qui est

d'excellente qualité. Ce sont presque les seules viandes agréables.

En revanche, les puces, les cousins, les scorpions, les lézards, les tarentules, les sauterelles, les caméléons, les crapauds et les sangsues y existent dans des proportions incalculables.

Les serpents aussi ne sont pas rares dans toutes les vallées Ouest qu'arrose la Medjerdah.

Il s'y trouve des tribus qui possèdent des troupeaux de milliers de chameaux, de bœufs et de moutons.

La race des chevaux, jadis très-belle, s'est beaucoup détériorée. On sait que ce que l'Arabe met au-dessus de tout, c'est son cheval; son affection pour lui dépasse celle de la famille; mais par suite du peu de sécurité des propriétaires, à qui les chevaux étaient souvent enlevés pour les remontes, la race a dégénéré.

On n'y connaît pas le cheval *hongre;* la castration n'est pas admise pour les chevaux chez les mahométans, mais elle est encore pratiquée sur les hommes.

Les chevaux ne connaissent ni le *trot* ni l'*amble;* le *pas* et le *galop* sont seuls en usage.

La mule est aussi d'une grande utilité, à

cause de la sûreté de son pied et de son courage infatigable.

L'âne est aussi d'une belle espèce; sobre, utile à tout, d'une résistance remarquable, mais, comme dans tous les pays, il est, hélas! traité inhumainement.

Les chèvres et les moutons sont la plus grande ressource des populations.

Les vaches donnent peu de lait, de qualité médiocre; on y supplée par le lait de chèvres et de brebis pour faire le beurre.

La flore est riche autant qu'elle peut l'être dans ce coin de terre privilégié de la nature.

La terre produit presque sans culture, mais toujours sans fumure tous les légumineux.

Malgré ce précieux avantage, la condition de cultivateur est des plus misérables : à peine vêtus, logés dans des huttes, ils vivent d'un peu de farine de maïs délayée dans de l'eau et additionnée quelquefois d'un peu d'huile rance. De viande, jamais; ou de la viande putréfiée.

L'olivier acquiert le développement des plus grands arbres d'Europe.

La datte est d'abondante production et d'excellente qualité.

Les grenades surpassent en grosseur et en

principes sucrés ou acidulés celles des autres pays.

Les coings possèdent un parfum enivrant.

Les raisins y sont si doux, si délicieux qu'ils donnent des vins supérieurs à ceux d'Espagne, d'Italie et de Grèce.

Les melons d'eau à chair rose sont si salubres et si agréables que l'on croirait prendre un véritable sorbet nature.

Oranges et citrons y fourmillent.

Mais les fruits d'Europe, à part le raisin, y sont sans beaucoup de saveur, ainsi que presque toutes les plantes potagères et maraichères.

Les choux-fleurs et les artichauts y deviennent monstrueux.

Les roses, les œillets, les narcisses, les jasmins y croissent spontanément, sans culture, et ont d'incomparables senteurs.

La flore est pauvre en plantes médicinales.

En revanche, les arbustes épineux n'y manquent pas. Les figuiers d'Inde ou cactus croissent en abondance et deviennent colossaux. Les Arabes sont très-friands de leurs fruits, la providence des pauvres.

Parmi les arbres, le caroubier est précieux,

surtout par l'abri hospitalier de sa verdure, ce qui est si rare en certaines campagnes.

Le mûrier serait d'une facile culture.

Le cactus nopal y produirait la cochenille, si l'on dirigeait la culture de ce côté.

Le tabac et le cotonnier réussissent.

Le caféier n'y a aucun succès, c'est le *desideratum* de la Tunisie.

PREMIÈRE PARTIE

Quel a été le passé de la Tunisie?

Aussi loin qu'il est donné de remonter dans l'histoire des siècles passés, on trouve cette partie de l'Afrique occupée par des peuples que l'antiquité désigne sous les noms de Lybiens ou Numides. A l'Ouest se trouvaient les Maures ; au Sud les Gétules. Les uns et les autres, subdivisés en une multitude de tribus éparses sur tous les points du pays, menaient la vie agricole dans les plaines rapprochées du littoral, ou la vie nomade et pastorale dans l'intérieur du continent.

Les savants prétendent que ces divers peuples se rattachent à la race berbère, race sinon autochthone, tout au moins première occupante.

A des époques plus rapprochées, mais encore indéterminées, les Phéniciens vinrent fonder Carthage d'abord, puis, s'avançant vers l'Ouest, ils établirent sur le littoral des comptoirs ou escales, — *emporia* — qui, en se développant, devinrent des ports, puis des villes de commerce. Outre le trafic local qui enrichissait Carthage, ces postes maritimes assuraient sa navigation sur toutes les côtes jusqu'aux colonnes d'Hercule, au delà desquelles Hannon alla même fonder des colonies sur les plages occidentales et septentrionales. Après vingt-cinq ou trente siècles, on retrouve encore des vestiges de ces anciens établissements puniques.

Les guerres que Carthage fit contre Rome apprirent à celle-ci le chemin de l'Afrique.

Pour se rendre maîtres de la cité phénicienne, les généraux romains tendirent une main amicale d'abord aux peuples qui étaient ou les voisins ou les sujets de la rivale de Rome, pour les protéger. Ils les protégèrent tant et si bien qu'ils finirent par les conquérir tout à fait. Partout où on leur avait laissé prendre un pied, ils en avaient mis quatre. C'est ainsi qu'aux alliances des premiers temps succédèrent bientôt les liens d'une étroite dépendance, d'abord sous l'apparence de royautés indigènes simplement protégées par Rome, puis enfin sous une annexion intime des contrées conquises, à titre de provinces romaines.

Le temps des alliances fut signalé par le long règne de Massinissa, dont les États furent agrandis par la donation, que lui firent les Romains, de ceux de Syphax, leur ennemi commun, dont Cirta (Constantine) était la capitale.

Les peuples gouvernés par le roi numide jouirent d'une grande prospérité, grâce à ses efforts pour tourner vers l'agriculture et les arts de la paix, ses nomades et barbares sujets. Il prépara ainsi l'œuvre d'unité et de civilisation que les Romains devaient plus tard accomplir.

Pendant soixante ans d'une administration aussi énergique qu'éclairée, les campagnes s'étaient couvertes de cultures florissantes, les villes s'étaient enrichies de constructions nouvelles et importantes ; leur population s'était accrue par le fait même de leur agrandissement. Partout surgissaient des villages et bientôt les villages devenaient des cités.

Cirta (Constantine), qui était la capitale de Massinissa, s'embellit encore sous Micipsa, son successeur, qui favorisa dans tout son royaume l'établissement des colons grecs.

Pendant cette période de paix, Rome substitua peu à peu son commerce et sa marine au commerce et à la marine de Carthage. Quelques colonies italiennes, peu importantes d'abord, mais qui devaient se développer et grandir vite, implantaient sur le sol africain l'usage de la langue latine, et ouvraient avec les peuplades indigènes des relations indispensables au futur développement de la domination romaine.

L'influence de l'Italie en Afrique s'étendait et se consolidait lorsque Jugurtha voulut relever l'indépendance numide et se débarrasser du joug romain qui commençait à s'imposer trop ouvertement. Rome, aussitôt, de saisir cette occasion d'intervenir et de faire un pas de plus dans la domination de l'Afrique septentrionale.

Jugurtha fut défait (104 ans avant notre ère).

Alors commencèrent les annexions territoriales.

A la province proconsulaire qu'elle administrait déjà directement, c'est-à-dire au territoire de Carthage, la République adjoignit plusieurs cantons limitrophes qui appartenaient à la

Numidie. Puis des États de Jugurtha, elle fit deux parts : donna l'une, celle de l'Ouest, à Bocchus, beau-père de Jugurtha, *pour le récompenser d'avoir trahi et livré son gendre;* et attribua l'autre, celle de l'Est (la partie Est de la Tunisie actuelle), aux petits-fils de Massinissa.

Dans les temps qui suivirent, l'Afrique continua de s'organiser, en recevant de l'activité romaine une heureuse impulsion. Les colonies se multiplièrent, les municipes s'étendirent jusqu'au milieu des sables du Sahara et montrèrent aux indigènes tout ce que possèdent de puissance le travail et l'intelligence.

La guerre civile qui éclata en Italie après l'usurpation de César, prit l'Afrique pour un de ses champs de bataille.

En vain, Metellus Scipion, en vain Juba Ier, roi de Mauritanie, se levèrent pour défendre les anciennes institutions de la Rome républicaine, César triompha partout et finit par épuiser et annihiler les forces de ses adversaires (46 ans avant notre ère).

La Numidie toute entière fut annexée à la province de l'Est (Carthage) et l'administration en fut confiée au célèbre historien Salluste.

Treize ans plus tard, les royaumes de l'Ouest

furent légués à l'empire par Bocchus (33 ans avant notre ère).

Quelques années après, ces États réunis constituèrent de nouveau un royaume qui fut donné par Auguste à Juba II dont l'éducation toute romaine devait être une garantie de fidélité. Juba accomplit dans la Mauritanie la révolution pacifique et progressiste dont Massinissa avait donné l'exemple dans la Numidie. Pendant un demi-siècle, il accumula dans sa capitale *Julia Cæsarea* (Cherchell) tous les monuments de l'art et toutes les richesses du luxe. Carthage lui éleva un monument, Cadix l'élut décemvir, Athènes lui érigea une statue. Familier avec toutes les sciences de son temps, il composa un grand nombre d'ouvrages dont il ne reste plus que quelques fragments.

Il mourut l'an 23. Ptolémée, son fils et son successeur, périt en l'an 40, sous le règne de Caligula.

A partir de cette époque, la Mauritanie fut complétement annexée à l'empire et releva directement des gouverneurs romains.

Dès lors la population italienne, en Afrique, s'accrut dans de vastes proportions; de Gaule et d'Espagne les colons affluèrent aussi.

Cependant les tribus indigènes, vaincues plutôt que soumises, fomentèrent plus d'une fois d'assez sérieuses insurrections. Ainsi, le Berbère Tacfarinas, qui avait déserté de l'armée romaine où il servait, entraîna dans une révolte générale les populations du centre. Pendant huit années il tint en échec les légions romaines ; mais, l'an 25, surpris dans son camp, il fut tué et ses troupes furent presqu'entièrement anéanties.

Un autre soulèvement eut lieu de 41 à 54.

De 138 à 161, nouvelle insurrection générale.

En 297, autre révolte des Berbères, que Maximien Hercule, co-empereur avec Dioclétien, vint en personne réprimer. Les vaincus furent déportés jusque dans le Sahara (Djerid).

Ces mouvements se reproduisirent encore plusieurs fois jusqu'à l'époque de l'invasion des Vandales, en 428.

La domination romaine se maintint donc dans l'Afrique du Nord pendant plus de quatre siècles, gravant en traits impérissables, sur tous les points du sol, l'empreinte immortelle de son puissant génie d'organisation, de gouvernement et d'architecture. Au Sud, on retrouve en plein Sahara, à plus de deux cents lieues des côtes, des vestiges de ses colossales constructions.

Des routes nombreuses sillonnaient en tous sens le pays; des forts et des villes entourées de solides murailles, séjour de garnisons aguerries, enserraient le peuple aborrigène dans un vaste réseau. Partout des châteaux, des palais, des théâtres, des cirques, des temples aux colossales proportions; partout des canaux, des aqueducs, des endiguements, des citernes vastes et solides. Il n'est pas, pour ainsi dire, de sommet et de gorge de montagnes qui, aujourd'hui, ne présente au voyageur une ruine des constructions de cette époque grandiose.

Pour résumer la période romaine, indiquons le système d'organisation administrative de cette occupation de près de cinq siècles :

Grande préfecture d'Italie, diocèse d'Afrique, capitale : Carthage.

Afrique tripolitaine, — métropole : grande Leptis, — aujourd'hui détruite : une des trois villes qui formèrent Tripoli.

Afrique byzacène,— métropole : Byzacium,— aujourd'hui détruite : était située près d'Hammamet moderne.

Afrique proconsulaire, — métropole : Carthage.

Numidie, — métropole : Cirta, — aujourd'hui Constantine.

Mauritanie sitifienne, — métropole : Sitifis, — aujourd'hui Sétif.

Mauritanie césarienne, — métropole : Césarée, — aujourd'hui Cherchell.

Mauritanie tingitane, — métropole : Tingis, — aujourd'hui Tanger.

Cette dernière province dépendait du diocèse d'Espagne, lequel se rattachait à la préfecture des Gaules.

En 426, au moment où la domination proconsulaire allait expirer sous le comte Boniface, qui fut le dernier gouverneur de l'Afrique romaine, les Berbères recommencèrent à s'agiter.

Deux ans plus tard, 428, les hordes Vandales traversaient le détroit (de Gibraltar) et venaient débarquer à Tingis (Tanger).

Depuis une vingtaine d'années, après avoir ravagé les Gaules, les Vandales avaient ravagé l'Espagne.

A ce moment, le comte Boniface, calomnié par ses ennemis à la cour impériale, et sur le point de se voir attaqué comme rebelle, malgré ses nombreux états de loyaux services, par une armée envoyée pour le combattre, le comte Boniface fit appel aux Barbares.

Genseric, qui était alors à la tête des Vandales, et qui ne voyait plus rien à piller en Espagne, accueillit avec empressement la fortune qui venait s'offrir à lui. Il réunit ses hordes éparses, et à la tête de quatre-vingt mille guerriers et de leurs nombreuses familles, il franchit le détroit et prit tout d'abord, en 429, possession des trois Mauritanies, tingitane, césarienne et sitifienne.

Le comte Boniface se vit débordé ; mais il était trop tard : quand il voulut refouler les Barbares en Espagne, il fut vaincu, repoussé et refoulé dans Hippone (Bone), où, après un siége de quatorze mois, il fut contraint à signer une paix qui assura à Genseric tout le pays, depuis l'Océan jusqu'aux murs d'Hippone (Bone) et de Cirta (Constantine), presque jusqu'aux limites actuelles de la Tunisie, en 435.

Quelques années plus tard, Genseric s'empara de toute l'Afrique proconsulaire (Tunisie), byzacène et tripolitaine (Régence de Tripoli), et son pouvoir succéda à celui de Rome.

Une fois bien installé dans son vaste empire, il songea à compléter la domination dans ses conquêtes par une organisation administrative régulière, dans laquelle il conserva en grande partie les rouages du mécanisme romain.

Il s'occupa ensuite de créer une marine et d'étendre son pouvoir sur la Méditerranée.

De Carthage, il s'élança sur la Sicile, sur la Sardaigne et sur les Baléares; il dévasta les côtes de l'Italie et de la Grèce, il força les deux empires à s'avouer ses tributaires et prit le titre de Roi de la terre et de la mer.

En 455, ses bandes saccagèrent Rome pendant quatorze jours.

A son tour, Constantinople se vit réduite à s'humilier.

En 476, un traité sanctionne toutes les conquêtes de Genseric, le reconnaissant maître de tout le pays depuis les frontières de la Cyrénaïque jusqu'à l'Océan, avec les annexes de la Sicile, de la Sardaigne, de la Corse et des Baléares.

L'année suivante il mourut.

Sous les quatre successeurs de Genseric : Hunerik, Gunthamond, Thrasamond et Hilderik, la force de l'empire vandale tomba en décadence.

Hilderik, élevé à la cour de Constantinople,

l'ami de l'empereur Justinien, était chrétien, tandis que ses prédécesseurs ainsi que le peuple vandale, à l'exemple des Berbères, s'étaient jetés dans l'hérésie ancienne et le schisme donatiste, causes incessantes de troubles et de divisions.

C'est alors que le Vandale Gélimer, mettant à profit la répulsion qu'inspiraient au peuple les croyances d'Hilderik, résolut de le supplanter sur le trône.

L'empereur Justinien saisit aussitôt cette occasion de faire la conquête de l'Afrique, et il envoya Bélisaire combattre l'usurpateur.

Ici s'ouvre une nouvelle période dens l'histoire de cette contrée dont plusieurs puissances avaient tour à tour ambitionné la possession. Après les Lybiens les Carthaginois, après les Carthaginois les Romains, après les Romains les Vandales, après les Vandales les Grecs. Puis viendront successivement les Arabes, puis les Turcs, puis encore les Arabes.

Revenons à Bélisaire.

Les succès du général grec furent rapides. Carthage ouvrit ses portes, et trois mois après la ruine de Gélimer et de son peuple, — ce peuple qui avait fait trembler toutes les puissances riveraines de la Méditerranée, — était consommée.

Tandis que le prince vandale s'enfuyait dans les monts Pappua (aujourd'hui l'Edough, entre Bône et Constantine), Bélisaire soumettait à l'empire grec de Byzance les îles de la Méditerranée que Genseric avait conquises. L'occupation et la soumission du territoire africain se fit presque sans obstacles.

Alors Bélisaire fit reconstruire les fortifications de Carthage, rendit à l'Église catholique les priviléges et les richesses dont l'arianisme l'avait dépouillée, reconstitua l'administration sur ses anciennes bases, et, emportant d'immenses trésors, emmenant Gélimer prisonnier, il rentra à Constantinople l'an 534.

Les Vandales avaient dominé sur toute l'Afrique du Nord pendant un siècle.

La domination byzantine ou gréco-latine ne devait pas se prolonger au delà d'un pareil laps de temps.

Quoi qu'elle fît pour rétablir l'état politique et social tel qu'il était avant l'invasion vandale, elle échoua partout, ou à peu près. La soumission des indigènes était de jour en jour remise davantage en question. La faute en était aux administrateurs que Constantinople avait envoyés pour remplacer ceux qui étaient en place. Ces derniers arrivés firent preuve de trop d'habileté et d'une conscience par trop élastique. Ils prétendirent que les anciens registres d'impôts étaient perdus et ils s'empressèrent d'en fabriquer de nouveaux beaucoup plus onéreux. D'un autre côté, les officiers de l'armée qui avaient épousé des filles de chefs vandales réclamèrent de grandes étendues de terres domaniales; ils menaçaient de se révolter et de dépouiller l'empire de ses conquêtes.

Le successeur de Bélisaire dans le commandement de l'Afrique, Salomon, frappa un grand coup : il exila toutes les femmes vandales; mais en compensation, et pour empêcher la dépopulation causée par cette mesure, il appela en Afrique une immigration de jeunes filles des territoires italien et sicilien.

Grâce à cette combinaison d'une part, et à une grande énergie d'autre part, Salomon parvint à maintenir dans l'obéissance ces tribus en continuelle agitation et impatientes de la domination étrangère.

Somme toute, la puissance grecque n'eut jamais de profondes racines; elle ne s'étendait guère au delà des montagnes de l'Atlas et se réduisait presque aux seules villes du littoral.

La période gréco-latine dura de 534 à 642.

Nous voici arrivé à la période arabe, qui dura jusqu'en 1516, se vit un instant débordée par la domination turque, puis se substitua peu à peu à cette dernière et dure encore aujourd'hui dans quelques provinces de l'Est.

En ce siècle-ci, l'élément turc a presque entièrement disparu des Régences de Tripoli et de Tunis, totalement de l'Algérie et du Maroc, comme l'élément vandale, l'élément romain et grec se sont tour à tour effacés devant l'élément indigène et autochthone dans lequel ils se sont fusionnés par des alliances successives.

Dans un temps plus ou moins éloigné, l'élément arabe subira le même sort et laissera reparaître la race primitive de ces contrées.

C'est une loi naturelle à laquelle ne peuvent se soustraire des colonisations, même de plusieurs siècles.

N'avons-nous pas vu les colonies normandes devenir anglo-saxones en Angleterre ; les colonies espagnoles devenir flamandes dans les Pays-Bas ; les colonies romaines et franques devenir gauloises en France ?

Où qu'il se transporte, l'homme subit à la longue l'influence du sol, même lorsqu'il n'y a pas mélange de sang par les mariages.

Cette loi immuable de la nature s'étend aussi sur les animaux et sur les plantes. Elle est d'ailleurs d'une étude si facile sur le règne végétal, qu'il serait surabondant d'en citer des exemples.

Donc, nous sommes convaincu que, malgré tous les efforts tentés par les Arabes pour substituer leur race à la race berbère par les massacres successifs qu'ils en firent pendant leurs cinq invasions principales, l'élément primitif recommence à dominer dans toute l'Afrique. Nous n'en voulons pour preuve que l'aptitude des populations contemporaines à accueillir les progrès des arts, des sciences, de l'industrie, en un mot, la civilisation, à laquelle l'Arabe pur sang s'est de tout temps montré rebelle.

Analysons rapidement l'invasion arabe dans son ensemble; nous aurons plus d'une fois occasion d'y revenir en faisant l'histoire des principales villes de la Régence de Tunis.

Nous n'appuierons d'ailleurs que sur les faits qui se sont passés dans l'Ifrikia proprement dite, qui comprenait les territoires désignés actuellement sous les noms de Régence de Tunis,

au centre, Régence de Tripoli, à l'Est, et Algérie (province de Constantine), à l'Ouest.

Dès le septième siècle, à la voix des successeurs de Mahomet, les Arabes s'étaient élancés
à la conquête religieuse et politique du monde.

Tandis qu'à l'Orient ils soumettaient à leurs
lois la Syrie, la Perse et une partie de l'Inde, à
l'Occident ils envahissaient l'Égypte. Puis bientôt, et sans presque s'arrêter, ils s'élançaient
vers les pays du couchant qu'ils appelaient le
Maghreb.

Tout les invitait à tenter cette expédition :
l'enivrement de leurs premiers triomphes, si rapides, la tyrannie des gouverneurs grecs, l'in-
discipline et le mécontentement des troupes, les
révoltes mal étouffées et sans cesse renaissantes
des Berbères, les dissensions religieuses, la décadence générale de l'empire ; puis la volonté
de ne se point laisser devancer dans une si belle
conquête par les Goths, qui menaçaient d'une
invasion, et enfin la perspective d'immenses richesses à piller, de magnifiques esclaves à s'approprier, tout les poussait vers l'Ifrikia.

Commencée en 642, la conquête de l'Afrique
jusqu'à l'Océan était accomplie totalement en
680, en cinq invasions successives.

Ce fut Hucba (Ocuba ou Okba)-Ben-Nasich, lieutenant du troisième kalife Osmey, qui commanda les deux dernières expéditions.

De victoire en victoire, étant arrivé jusqu'aux bords de l'Océan Atlantique, cet orgueilleux guerrier poussa son cheval jusqu'au poitrail dans les flots et prit Dieu à témoin que la terre seule faisait défaut à son ardeur de conquérant et d'apôtre.

Blessé à mort dans un combat contre les Berbères insoumis, il périt après vingt-quatre ans de campagnes en Afrique, laissant aux califes un empire d'Occident.

Son tombeau, que renferme la mosquée d'un petit village qui porte son nom, Sidi-Okba, se trouve non loin de Biskara, dans les montagnes de l'Aurès qui confinent à la Tunisie.

Avant l'invasion arabe, et malgré les guerres continuelles dont l'immense territoire de l'Ifrikia et du Maghreb était le théâtre, par suite du caractère remuant de ces peuplades berbères, toujours vaincues, jamais soumises, avant l'invasion arabe, disons-nous, le pays était couvert de nombreuses populations, de villes et de villages florissants.

Ebn-Schebath, historien arabe, rapporte

avoir entendu dire que le nombre des places
fortes qui étaient au pouvoir des chrétiens en
Ifrikia (Tripoli, — Tunis, — Constantine), s'é-
levait à cent mille, et que, lorsque le chef grec
était dans la nécessité de faire la guerre à un
ennemi commun, il lui suffisait de prélever sur
chacune de ces villes un droit d'un dinar d'or
(10 francs) et le contingent d'un seul cavalier
pour avoir aussitôt à sa disposition une puissante armée et de considérables ressources
financières.

Tout le sol de la Régence de Tunis, alors province de Carthage, ainsi que tout le Nord de
l'Afrique, avaient beaucoup plus d'habitants
qu'aucun autre lieu du monde, même le plus
peuplé. Des canaux d'irrigation, de gigantesques aqueducs suppléaient en maint endroit au
manque d'eau de rivière ou de pluie. Il n'était
pas une ville qui n'eût au moins un théâtre de
pierre ou de marbre, et toujours un cirque aux
vastes proportions. Partout d'ingénieux systèmes de citernes étanchées et voûtées; des palais, des temples, des églises construites avec
un luxe d'architecture inouï.

D'immenses et magnifiques forêts séculaires
s'étendaient depuis la Cyrénaïque jusqu'à l'O-

céan, sans interruption, à ce point, dit un auteur arabe, que l'on pouvait traverser toute l'Afrique, de l'Orient à l'Occident, sous un dôme de verdure et sans apercevoir les rayons du soleil.

Mais à cette époque, déjà, les guerres politiques, et surtout les guerres religieuses, avaient profondément démoralisé les populations et leur avait enlevé la sécurité, la stabilité, la garantie de l'ordre et la confiance dans l'avenir. Il n'y avait plus d'esprit national. Le terrain se trouvait donc préparé pour l'invasion.

L'heure fatale avait sonné pour ce malheureux pays. Quarante années suffirent (642-680) pour le couvrir de ruines sur une étendue de près de huit cents lieues du levant au couchant; quarante années suffirent pour que les Sarrasins — Mahomet leur avait donné ce nom pour que lui et les siens se pussent dire descendants de Sarah, femme d'Abraham, ne voulant pas qu'ils s'appelassent Agariens, du nom de la servante Agar — par la violence de leurs armes, secondées du libertinage et de toutes sortes de vices, pussent convertir à leur croyance les populations.

Ils incendièrent les forêts, détruisirent les plantations, ravagèrent les jardins, saccagèrent villages et villes, démantelèrent les places fortes.

Tel fut le résultat de la conquête arabe.

Cependant elle fut bientôt suivie de violentes réactions au sein du peuple indigène.

La première révolte victorieuse eut pour chef un Berbère du nom de Kosseïla, ou Koucila.

(A propos des différentes orthographes de noms propres soit d'hommes, soit de villes que chaque historien a adoptées, les variantes doivent avoir été occasionnées par les prononciations, qui ne pouvaient manquer d'être différentes suivant les contrées ou les districts, comme il arrive dans tous les autres pays. Les géographes eux-mêmes, pour les cartes, ne se rapportent pas entre eux. Quant aux traducteurs des historiens arabes, ils ne paraissent pas avoir de règles plus certaines. Il résulte de cette diversité d'orthographe un embarras réel pour quiconque veut étudier ou l'histoire ou la géographie des pays africains, même d'après les documents officiels. Il nous arrivera souvent d'inscrire les deux ou trois manières d'orthographier les noms.)

(Ouvrons une seconde parenthèse pour constater une regrettable absence de dates presque générale chez tous les historiens, ce qui nous a forcé à des recherches sans nombre, pas toujours couronnées de succès, malheureusement. Notons aussi l'emploi de monnaies et de mesures arabes dont il nous a fallu rechercher les équivalents pour l'intelligence des faits.)

Kosseïla lutta avec une énergie violente et un acharnement digne de la cause qu'il défendait; il fut sur le point de ruiner les idées de conquêtes et d'établissement en Afrique des Arabes et de leur général 'Ok'ba-ben-Nasich (ou ben-Nafé).

Quelques années après, H'assan-ben-el-Neman-el-Rassani fut envoyé d'Égypte, où il exerçait un commandement important, par le kalife Abd-el-Malek, pour succéder, dans le gouvernement de l'Afrique, à Zoh'eïr-ibn-k'aïs, en l'an 74 de l'hégire (694 de notre ère).

Hassan réduisit et ruina de fond en comble, d'abord, la superbe Carthage, qu'Okba avait déjà abattue, mais qui s'était relevée; puis il soumit à l'empire du kalife toutes les autres villes de la province, à l'exception toutefois d'Hippone (Bône), dernier rempart de la chrétienté en Afrique.

Une révolte plus formidable que celle de Kosseïla éclata bientôt. Elle avait pour chef une guerrière juive du nom de Doumiah, que les Berbères désignaient sous le nom de Kahina, ou Kahena (devineresse, prêtresse). Elle appela aux armes les débris des Grecs et des Romains, et les tribus berbères. Cette Jeanne d'Arc des anciens temps battit en maintes rencontres les troupes musulmanes.

H'assan accourut au devant d'elle avec une armée imposante et plus forte qu'aucune de celles que les Arabes lui avaient opposées jusqu'alors.

La Kahina, dont toute l'histoire pourrait faire le texte d'un merveilleux roman, la Kahina le mit en fuite, fit prisonniers un grand nombre de ses cavaliers et le poursuivit jusqu'à ce qu'elle l'eût chassé de Gabès (vers les confins Est de la Tunisie actuelle). La dernière bataille avait été livrée sur les bords de la rivière de Nini (province actuelle de Constantine) et la retraite de Hassan s'était opérée à marches forcées à travers tout le territoire de la province de Carthage jusqu'à la frontière du pachalik de Tripoli (Tacapa).

Après avoir informé le kalife Abd-el-Malek de cette grande défaite de ses troupes, Hassan continua sa marche pour rentrer à Damas, ralentissant sa fuite dans l'espoir que quelques fuyards musulmans pourraient encore le rejoindre.

En route, il reçut l'ordre du kalife de s'arrêter au lieu où lui parviendrait la missive, et de n'en point bouger. Il se trouvait en ce moment-là à Bark'a. Il s'y établit jusqu'à ce qu'il eût reçu d'Égypte un renfort de troupes avec lesquelles il put rentrer en Ifrikia.

Bark'a, ancienne Barcé, était l'une des villes de l'ancienne Pentapole, la Cyrénaïque. Son nom lui vient de la quantité de pierres de différentes couleurs, ou galets qui se trouvent mêlées au sable de son sol, — curieuse particularité géologique dont l'explication n'a point été résolue jusqu'à ce jour, si ce n'est peut-être par un très-intéressant ouvrage de M. le baron d'Espiard de Colonge : *La Chute du ciel*. Bark'a, d'ailleurs, se dit en Afrique de tous lieux qui présentent la même constitution de sol.

Bark'a était au pouvoir des Arabes d'Égypte dès l'an 21 (644 de notre ère), un an avant la première invasion en Ifrikia. 'Amr-ben-El'assi, émir d'Égypte, avait accordé la paix aux habitants de Bark'a, moyennant un tribut de 13,000 dinars annuels (130,000 francs), et pour qu'ils pussent s'acquitter de la capitation qu'il leur imposait, il leur permit de vendre leurs enfants.

En apprenant la rentrée en campagne de Hassan (ou Hacen, suivant d'autres historiographes), la Kahina fit abattre tous les arbres et détourner toutes les sources du pays que l'armée arabe allait avoir à traverser pour la décourager et l'exténuer de privations.

Cependant les deux armées se rencontrèrent. Le premier choc fut si terrible que de part et d'autre on crut à une complète destruction. Mais la Kahina fut mise en fuite. Alors eut lieu la contre-partie de la poursuite dont elle avait quelques années auparavant harcelé le vaincu Hassan, maintenant vainqueur.

Elle fut tuée près d'un puits qui a conservé son nom : puits de la Kahina, après cinq années de commandement toujours victorieux.

A la suite de son triomphe, Hassan, en bon politique, confia le commandement des Berbères aux fils de la Kahina qui firent leur soumission et entraînèrent celle de tout le pays.

Hassan devenu émir d'Ifrikia, sans conteste, écrivit au kalife Abd-el-Malek pour l'informer des dangers que courraient les Musulmans tant que Radès ne serait pas fortifié et que sa population ne serait pas en partie renouvelée. Il fit porter sa missive par quarante cavaliers choisis parmi les plus nobles des Arabes.

Abd-el-Malek écrivit à son frère Abd-el-Aziz, émir d'Égypte, qui envoya à Hassan mille coptes hommes et autant de coptes femmes.

Hassan en établit la plus grande partie dans Radès et distribua le reste dans les autres ports de l'Ifrikia.

Tous les Africains qui ne voulurent pas se convertir à l'islamisme ou qui, conservant leur religion, refusèrent de s'obliger à payer la capitation, durent se cacher et prendre la fuite. Les gens du Djerid, immense contrée toute semée d'oasis au milieu des sables brûlants du Sahara, partie Berbères, partie Romains, partie Grecs, furent les seuls qui ne se déplacèrent pas. Leur pays, Belad-el-Djerid, ou pays des dattes, fait la limite Sud de l'Algérie et de la Tunisie actuelles; il confine au Maroc du côté de l'Ouest, et à la Tripolitaine à l'Est.

Dès lors, la domination arabe put se consolider; non pas cependant sans de continuelles mais partielles protestations armées de la part des Berbères qui, toujours repoussés par des forces supérieures, revenaient néanmoins tou-

jours à la charge. Comme les armes ne les favo-
risaient pas assez, ils eurent recours à un moyen
perpétuellement immanquable pour opérer une
division parmi leurs vainqueurs : les schismes
politiques et les hérésies religieuses. Tous les
dissidents, tous les protestants de l'islam étaient
accueillis par les Berbères, qui les poussaient à
l'indépendance et à l'affranchissement de l'autorité des kalifes d'Égypte.

Ce fut ainsi que la terre d'Afrique, vers 765,
vit naître une certaine quantité de kalifes indé-
pendants qui fournirent chacun une dynastie.

Un demi-siècle ne s'était pas écoulé que l'a-
narchie débordait entre tous ces princes, anar-
chie que les Berbères attisaient dans l'espoir de
les chasser ou de les faire s'entr'anéantir.

Mais ces dissensions ne profitèrent à ce moment qu'à une seule famille, les *Fatimites,* qui
étendit son pouvoir sur tout le Nord de l'Afrique ; unité violente qui ne dura pas longtemps.
Ses successeurs, les *Zirites,* durent se renfermer
dans la Tunisie (Ifrikia).

Une autre dynastie remplaça bientôt les Zirites.

El-Mo'ez, de la famille des Beni-Obeïd, souverain d'Ifrikia, conçut le projet d'envahir l'É-

gypte et d'y fixer le siége de son empire. Ce projet reçut en effet plus qu'un commencement d'exécution.

En 978, les troupes d'El-Mo'ez, sous le commandement du caïd Djahar, se mirent en marche pour l'Égypte.

L'entrée de Djahar dans la capitale se fit la même année.

En 982, El-Mo'ez se rendit personnellement dans la portion de la Basse-Égypte qu'il avait conquise. A sa mort, il laissa l'émirat à ses enfants, et l'autorité se transmit successivement entr'eux jusqu'à El-Mo'ez-Badis, qui fut le dernier prince remarquable de cette dynastie. Le premier acte par lequel El-Mo'ez-Badis inaugura son règne fut un ordre d'extermination de la *Rafeda* (on désignait sous ce nom tous les hérétiques).

C'était vers le milieu du onzième siècle.

A cette époque, un nommé Ah'med-Ben-Ali, qui avait pris le nom de El-Djerjerani et qui, plus tard, fut surnommé Aboul-K'assem, dirigeait l'administration du gouvernement des Obéïdites. Informé des ordres inhumains donnés par El-Mo'ez-Badis contre la *Rafeda* et de la révolte de ce prince contre la suzeraineté des kalifes d'Égypte, car El-Mo'ez-Badis avait fait en même temps sa soumission au Commandeur des Croyants de Bagdad, El-Djerjerani s'en affligea profondément et dès lors conçut contre lui une haine implacable.

Jusqu'à cette époque, toute émigration ou déplacement vers l'Ifrikia avait été interdit aux tribus arabes établies dans le Saïd, entre la Basse et la Haute-Égypte, ou mieux, entre l'Égypte proprement dite et la Nubie, sur la rive droite du Nil, qu'il leur était défendu de traverser.

Cédant à ses propres sentiments de haine contre El-Mo'ez, El-Djerjerani leva l'interdiction; et comme, malgré leur désir d'envahissement longtemps contenu, ces tribus de barbares hésitaient à effectuer leur passage, El-Djerjerani fit don à chaque guerrier d'une pelisse et d'un dinar. Aussitôt, comme un torrent impétueux, ils se précipitèrent vers l'Ifrikia, ce qui jeta El-Mo'ez dans une position très-difficile, quoique les envahisseurs ne fussent que trois mille guerriers.

Déjà ils avaient traversé tout le territoire de la Tripolitaine actuelle, dépassé Bark'a et continuaient leur course vers le centre de l'Ifrikia lorsqu'ils rencontrèrent près du mont Djendar, non loin de Caïrouan (ou Kerouan), une barrière humaine. C'était l'armée d'El-Mo'ez, composée de trente mille hommes.

Malgré son importante supériorité numérique, l'armée d'El-Mo'ez fut complétement défaite, et ceux d'entre les soldats qui échappèrent au fer de l'ennemi furent entièrement dépouillés de leurs armes et de leurs vêtements.

Ali-Ben-Rask'er-Riaki, un poète qui accompagnait la tribu envahissante et qui maniait la plume aussi bien que le yatagan, composa sur le champ de bataille un poème, versifiant la victoire de Djendar, qui eut pendant plus d'un siècle un grand succès de vogue.

El-Bekri, un célèbre polygraphe espagnol, qui écrivait en 1068, et qui a été beaucoup cité par tous les historiens arabes postérieurs, rapporte une partie de ce poème. Nous n'en reproduirons que quelques vers :

« Ebn-Badis est, certes, un puissant souverain;
« Mais, j'en jure par mes jours!
« Il n'a pas d'hommes courageux autour de lui :
« Trois mille des nôtres ont vaincu trente mille des siens.
« Oh! malheur! malheur sur lui! »

Les vainqueurs, en pénétrant plus avant dans

l'Ifrikia, reconnurent à ce pays une fertilité prodigieuse dont ils ne soupçonnaient pas seulement la possibilité d'être, et ils s'empressèrent d'écrire à leurs frères du Saïd égyptien qu'ils eussent à venir les joindre.

Mais El-Djerjerani, qui était un profond politique plein de perspicacité et d'astuce, n'accorda d'autorisation de départ qu'à la condition que chacun des émigrants lui donnerait une pelisse neuve, ou sa valeur en argent, et de plus lui paierait un dinar. Les trois mille pelisses et les 30,000 francs qu'il avait sacrifiés pour satisfaire sa haine contre El-Mo'ez, lui revinrent avec une augmentation effrayante : un million d'émigrants se présenta, et El-Djerjerani encaissa un million de dinars (10 millions de francs) et emmagasina autant de pelisses.

Est-ce pour ce fait que Ed-Daher, l'émir obéïdite en Égypte, dont El-Djerjerani était alors vizir, lui fit couper les deux mains ? supplice qui lui valut le surnom de d'Aboul-K'assem, *le Mutilé*. Les historiens ne s'expliquent point là-dessus ; mais ce qu'ils rapportent et qui peut suffire à dépeindre le caractère de cet homme, c'est ce trait :

El-Djerjerani subit l'amputation sans qu'un

muscle de son visage trahit le moindre sentiment de colère, la moindre sensation de douleur.
L'opération terminée, il se rendit à ses bureaux
et reprit sa place accoutumée en disant : « Le
« kalife a pu me faire couper les mains comme
« châtiment, mais il ne m'a pas destitué de mes
« fonctions. »

El-Djerjerani, le Mutilé, le Maudit de Dieu,
comme l'appelle El-Bekri, mourut en 1056.

A cette époque, où El-Mo'ez-Badis, par d'in-
conséquentes ou plutôt d'intolérantes mesures,
attirait de nouvelles calamités plus terribles que
toutes les précédentes sur la malheureuse Ifrikia,
toute l'Afrique septentrionale, du levant au couchant, était tiraillée en tous sens par une multitude d'ambitions et de sectes différentes. C'est
alors que le million · d'Arabes dont nous avons
parlé plus haut, inondèrent, en trois départs
successifs, la terre d'Ifrikia, se suivant par le
désert de Bark'a, route de tous les envahisseurs.
Le mouvement s'étendit de proche en proche et
en tous sens : chaque nouveau flot d'émigrants
poussant en avant celui qui l'avait précédé.

De ce moment date la véritable implantation
de la race arabe en Afrique.

Ces barbares détruisirent les villes qui s'étaient réédifiées, ravagèrent les campagnes qui avaient repris un air de prospérité, incendièrent les plantations qui s'étaient peu à peu relevées, et plongèrent dans une misère plus profonde que jamais elle avait été, cette vaste contrée qui portait encore de nombreux témoignages des grandes civilisations antérieures.

Mais les violences des nouveaux venus devaient forcément provoquer une réaction de la part des Berbères.

Les Berbères appelèrent à l'aide contre cet ennemi commun. Leur appel fut entendu. A plus de quatre cents lieues de là, des rives lointaines du Sénégal, une immense armée se mit en marche, côtoyant l'Océan, et accourut au secours de ses frères du Nord. Elle entra dans le Maghreb (Maroc), refoulant et exterminant les Arabes depuis l'Océan et la Méditerranée jusqu'aux frontières de l'antique Numidie, c'est-à-dire jusqu'au milieu de l'Ifrikia (1050). La dynastie des *Almoravides* se fondait. Elle brilla d'un vif éclat pendant environ un siècle, et s'éclipsa devant celle des *Almohades* qui grandirent à leur tour portés par les mêmes passions : le fanatisme religieux, la haine des Arabes Égyptiens et l'amour de l'indépendance.

Maîtres de Tlemcen, Oran, Tanger, Milianah, Alger, Bougie, ils le furent bientôt de tout le littoral et de l'Ifrikia. En Espagne même où les Almoravides avaient pénétré, ils implantèrent aussi leur domination (1147).

Mais l'esprit remuant des Africains ne put guère supporter la loi des *Almohades* au delà d'un siècle (1147-1266).

La partie Est de l'empire africain se sépara du Maghreb et se proclama indépendante. La dynastie des *Hafsides* reconstitua le territoire de l'Ifrikia et établit le siége du royaume à Tunis ; tandis que les *Mérinides* devenaient souverains du Maroc, et que les *Zianites* occupaient Tlemcen et tout le territoire compris entre le Maroc et la province de Constantine.

Chacune de ces trois dynasties se maintint, malgré beaucoup d'agitations, pendant près de trois cents ans, et atteignit la première moitié du seizième siècle, — époque qui ouvre le monde moderne et qui vit finir la période arabe et commencer la période turque en Afrique.

Abandonnons un instant l'histoire générale de la terre d'Afrique pour dire quelques mots de l'histoire particulière de Tunis.

Les historiens arabes ne sont point d'accord

sur l'époque de sa fondation ni sur le nom de son fondateur. Les uns prétendent que ce fut Okba qui, au retour de son expédition dans le Maghreb, en vint jeter les fondements. La date de son érection pourrait alors se préciser vers 675. Les mêmes historiens lui font aussi fonder la ville de Caïrouan ou Kérouan, comme nous le verrons lorsque nous ferons l'histoire de cette ville.

Les autres disent qu'après la mort d'Okba, et au milieu des agitations et des réactions qui suivirent l'occupation arabe, Abelchit, Africain de nation mais mahométan de religion, voulant créer un empire indépendant et s'affranchir de l'autorité des kalifes du Caire, fonda, à une cinquantaine de lieues de Carthage détruite, la ville de Caïrouan, dont il voulait faire la capitale de ses États.

Caïn, alors kalife d'Égypte, lança contre lui une puissante armée et l'empêcha dans ses desseins d'affranchissement et de création d'un nouvel empire.

Abelchit alors se retira vers le Nord et fonda Tunis, où il s'établit, pendant que son frère établissait de son côté un autre royaume à Bougie.

La différence d'époque entre ces deux versions ne serait donc que de quelques années : — fin du septième siècle.

Par l'excellence de son sol, de son climat, de ses riches campagnes, l'Ifrikia, dont Tunis devint la capitale après la destruction de Carthage, servait comme d'étape à chaque invasion qui se dirigeait toujours vers le Maghreb

Tour à tour, la province tunisienne fut ou indépendante ou soumise aux princes de l'Algérie ou du Maroc.

Son histoire n'offre guère d'intérêt, — probablement à cause de la pénurie de documents, — depuis sa fondation jusqu'à la seconde moitié du douzième siècle, lors de l'empire des *Almohades*, qui régnèrent depuis la frontière d'Égypte jusqu'à l'Océan de 1147 à 1266.

C'est ce chapitre d'un siècle que nous allons rapporter succinctement, avant de parler de la dynastie des Hafsides et de ses rapports avec la France.

(1164.) El-H'assan, qui régnait en Maroc, rêvait la conquête de l'Ifrikia. Il voyait avec rage que les Siciliens se fussent emparés de Mahdia, une des plus importantes villes du littoral Est (1147), et méprisait d'autant le régent de Tunis, qui n'avait pas su s'opposer à l'établissement ni reconquérir sur eux cette position. Il n'eut cesse ni relâche qu'il n'eût décidé le kalife Abd-el-Moumen à envahir ce pays.

La cavalerie du kalife Abd-el-Moumen comptait cent mille guerriers; son infanterie était encore plus considérable. Il avait mis dix ans à se former une armée qu'il prétendait avoir faite invincible. Et cependant, deux ans auparavant, cédant aux instances de El-H'assan, il avait envoyé son fils assiéger Tunis, et son fils s'était fait battre honteusement (1172). Cette fois, il prit lui-même le commandement de son armée.

Arrivé à Béja (Badja), à vingt-deux lieues de Tunis, il envoya des messagers porteurs de paroles de clémence et de pardon; mais les parlementaires échouèrent dans leur négociation.

Il se remit en marche et vint camper à Tébourba (Thobourba), à huit lieues environ de la capitale. De nouveau il fit sommer les Tunisiens de se rendre, les menaçant, en cas de refus, de tous les effets de sa colère. Cette tentative n'eut pas plus de succès que la précédente.

Le kalife se remit en marche et vint se présenter sous les murs de Tunis le samedi 10 djoumadi-el-aoula 554 de l'hégire (1174).

Son armée se déployait sur une étendue de plus de quatre lieues, depuis les ruines de l'aqueduc, au Sud-Sud-Est, qui autrefois apportait à Carthage les salubres eaux des monts Djougar, jusqu'au passage de La Goulette, en contournant le lac de Tunis, de sorte qu'un matin les assiégés purent voir et apprécier les forces immenses dont disposait Abd-el-Moumen. Les Tunisiens perdirent courage et se prirent à désespérer de leur cause. Le kalife, pendant trois jours encore, fit reposer ses troupes ; puis, le matin du quatrième jour, au moment où elles s'ébranlaient pour l'assaut, les portes de la ville s'ouvrirent, et les scheikhs, au nom des habitants, vinrent faire soumission et implorer leur grâce.

La paix fut accordée aux Tunisiens aux conditions suivantes :

1° La vie sauve ;

2° Obligation pour eux de livrer au vainqueur la moitié de leurs biens immeubles ;

3° Obligation pour les habitants des villages et bourgades du district de livrer la moitié de leurs biens meubles ;

4° Enfin, même obligation imposée à 'Ali-ben-Ahmed-Ebn-Khorassan, le gouverneur de Tunis, qui devait en outre quitter la ville et se retirer à Bougie, où il devait être interné.

Ebn-Khorassan quitta Tunis pour se rendre dans la ville qui lui avait été assignée ; mais il mourut en route.

Pour couronner sa victoire, le kalife Abd-el-Moumen força tous les juifs et les chrétiens, qui étaient tolérés dans Tunis, d'embrasser la religion de l'islam. Ceux qui s'y refusèrent furent impitoyablement massacrés.

L'historien Ebn-Schedad rapporte ce fait unique dans les annales arabes et en complète contradiction avec la sauvage et brutale manière de se comporter en campagne des envahisseurs orientaux. Ici l'invasion partait de l'extrême Occident.

« Lorsque Abd-el-Moumen, avec ses innombrables troupes quitta le Maroc pour conquérir l'Ifrikia, il arriva souvent, dans ce parcours de près de cinq cents lieues, que sa formidable armée dut traverser de vastes champs ensemencés et de riches cultures ; jamais ses soldats ne se laissèrent aller à dévaster ou détruire quoi que ce soit.

« La seule avant-garde de cette armée comptait douze mille hommes. Elle était spécialement chargée de creuser des puits pour fournir l'eau nécessaire à la consommation des troupes; et dans ce but, cette avant-garde précédait toujours le corps d'armée de deux journées de marche, lui préparant tous les approvisionnements nécessaire, à chaque étape. »

Quelques années plus tard, en 1216, une réaction s'opéra contre les dominateurs marocains. Une faction arabe, ayant à sa tête Ebn-Abd-el-Kerim, se porta contre Tunis, pour en chasser Abou-Zeïd-H'afs-ben-Abd-el-Moumen. La ville fut attaquée en même temps par mer et par terre. Les Tunisiens furent battus et contraints à la fuite. Beaucoup furent tués.

A la nouvelle du désastre de Tunis qui lui échappait, le roi de Maroc renvoya en Ifrikia une nouvelle armée dont il confia le commandement à Abdul-Hely. Celui-ci, au lieu d'accomplir sa mission pour le compte de son souverain l'accomplit pour son propre compte, et pour ainsi dire sans coup férir. Il soudoya les autorités tunisiennes, s'entendit avec les chefs des tribus environnantes, qui consentirent à le reconnaître pour roi à condition que, non-seulement il ne les imposerait pas, mais encore qu'il leur compterait annuellement une certaine contribution, et il se fit élire roi.

Une nouvelle dynastie se fondait donc à Tunis, celle des Hafsides, qui se maintint pendant près de trois siècles au milieu d'agitations perpétuelles. Il serait presqu'impossible de tracer une histoire succincte du royaume de Tunis à cette époque encore sans y joindre forcément l'histoire des royaumes limitrophes, ce qui nous entraîneraient dans d'interminables récits d'autant moins compréhensibles qu'ils seraient hérissés de noms propres que l'on croirait créés tout exprès pour jeter de la confusion dans l'esprit. En outre, il nous serait bien difficile d'être clair, là où les historiens arabes eux-mêmes ne brillent que par des lacunes, des contradictions, des différences de dates et autres difficultés qui font le désespoir de ceux qui veulent y faire la lumière.

Nous croyons qu'il est préférable de laisser les Hafsides régner tant bien que mal pendant une centaine d'années à Tunis, d'indiquer un développement extraordinaire et rapide dans leur marine et de reprendre notre récit à la fin du treizième siècle.

Alors le pouvoir des rois de Tunis avait grandi. Dès 1240, Abou-Zacaria avait conquis Tremessen, Ceuta et Segelmesse, puis, tant était grand le besoin de locomotion de ces Arabes-Berbérisés, Tunis avait étendu sa domination en Espagne sur Séville, Xativa, Malaga et Grenade.

Abou-Abd-Allah-Mohammed, son fils, qui lui succéda en 1252, prit le surnom d'Almostanser. C'était l'année même où saint Louis, descendant en Égypte, s'était emparé de Damiette.

Fier de la puissance et des immenses trésors dont il avait hérité, — puissance qu'il sut encore affermir, trésors qu'il ne cherchait qu'à augmenter, — son premier acte fut de se soustraire au tribut que ses ancêtres payaient annuellement au roi de Sicile, et pendant cinq années il refusa énergiquement de satisfaire aux traités.

Cependant Mohammed ne laissait pas d'être inquiet à cause de la parenté qui unissait le roi de Sicile, Charles, au roi de France, Louis (ces deux princes étaient frères).

Aussi chercha-t-il à s'attirer l'amitié de Louis et à contracter avec lui une alliance.

Plusieurs fois il envoya des ambassadeurs à

la cour de France, — dit Joinville, — et chacune de ces ambassades portait, selon la coutume, de magnifiques présents.

Saint Louis armait toujours. Il préparait une
seconde croisade.

Le roi de Tunis ayant eu avis de cette prochaine expédition, commença par organiser la
défense de ses côtes, puis il envoya à Louis de
nouveaux ambassadeurs chargés de lui proposer un traité de paix. Cette pacifique demande
était accompagnée d'un présent de 80,000 pièces
d'or (800,000 francs). Saint-Louis accepta la
somme qui arrivait si à propos pour l'aider à
hâter ses armements, mais il refusa de s'engager
à rien.

La même année, les Croisés débarquaient sur
le rivage tunisien (1270).

Le 25 août, saint Louis mourait.

Cette mort jeta le découragement dans l'âme
des Français campés devant Tunis. Affaiblis
par le manque de vivres et les maladies, ils
n'étaient déjà plus en état de résister aux Musulmans. Cependant, voulant tenter un dernier
effort, ils se mirent en marche pour donner
l'assaut; mais les Tunisiens, favorisés par un
vent impétueux, s'armèrent de pelles, et lan-

cèrent en l'air des montagnes de sable qui, emporté par l'ouragan, obscurcit le soleil et vint frapper les chrétiens de toutes parts, leur entrant dans les oreilles, dans la bouche, dans les yeux, et les contraignant à rentrer sous leurs tentes.

L'arrivée du roi de Sicile, Charles, avec une flotte chargée de renforts et de provisions, ranima les espérances de l'armée, et au moment où les Musulmans se croyaient certains du triomphe, plusieurs avantages successifs remportés par ces troupes fraîches, donnèrent à réfléchir aux Tunisiens.

Mohammed crut alors plus prudent d'acheter la paix et d'éloigner à tout prix les dangers dont sa capitale était menacée.

Il fit proposer aux assiégeants un accommodement.

Les princes et seigneurs de l'armée chrétienne n'étaient pas éloignés d'accepter.

Philippe-le-Hardi (fils et successeur de saint Louis) ne voulait rien entendre; il voulait, — dit Guillaume de Nangis, — continuer le siége de Tunis, s'emparer de la ville et la raser.

Cependant il finit par céder aux raisons des rois de Navarre et de Sicile. Les sommes offertes couvraient les frais de l'expédition, et de plus, chacun d'eux devait recevoir des présents considérables.

La paix, — ou plutôt une longue trève, — fut conclue entre les chrétiens et les Musulmans. Mais l'armée, qui ne partageait pas l'indemnité et qui avait compté sur le pillage de la ville, l'armée murmura.

On cria surtout contre Charles de Sicile, que l'on accusait hautement de sacrifier les intérêts généraux à son avantage particulier. C'était lui en effet qui avait accueilli avec le plus d'empressement les propositions du roi de Tunis, car il y gagnait les cinq années d'arrérages dus à la Sicile et que le prince musulman promettait de payer intégralement.

Guillaume de Nangis, l'historien de Philippe-le-Hardi, à propos des manifestations de mécontentement de l'armée, dit que « ces reproches n'ont point de fondement et ne sont que l'effet de l'ignorance présomptueuse qui porte d'ordinaire la multitude, incapable d'apprécier ce qu'exigent les circonstances, à embrasser le parti de l'opposition contre ceux qui ont la conduite des affaires. »

Cette réflexion de l'historien était peut-être bonne pour le siècle où il écrivait, mais heureusement aujourd'hui elle passera moins que jamais à l'état de dogme.

D'ailleurs cette pauvre « opinion publique, » quand elle s'accorde par hasard avec les intérêts des gouvernants, ne la déclare-t-on pas « voix de Dieu, » *vox populi, vox Dei?*

Il est certain que dans la circonstance que nous rapportons, où l'armée frustrée de ses espérances avait contre elle les « satisfaits, » elle pouvait bien récriminer un peu.

Certes, Philippe-le-Hardi devait avoir les plus sérieux motifs d'arriver à un arrangement. Renoncer, sans reculer, à une entreprise hasardeuse, quitter un sol, funeste par le défaut d'acclimatation, où saint Louis et une grande partie de son armée avaient succombé, revenir en France où sa présence était nécessaire, et tous frais compensés et au delà par l'ennemi, c'était encore une victoire.

Consignons, d'après Guillaume de Nangis (qui ne faisait pas partie de l'expédition), les clauses de cette trève de dix années qui fut conclue entre le roi de Tunis et les rois de France, Navarre et Sicile :

1° Le roi de Tunis paiera au roi de France et à ses barons les frais de la guerre ;

2° Les chrétiens établis dans la régence de Tunis y vivront en liberté avec les mêmes franchises que les naturels du pays ;

3° Il leur sera permis d'y avoir des églises où l'on pourra prêcher la religion chrétienne ;

4° Il sera libre aux mahométans de l'embrasser ;

5° Les marchands chrétiens pourront trafiquer à Tunis aux mêmes conditions que les autres marchands ;

6° De part et d'autre les prisonniers seront rendus à la liberté ;

7° Le roi de Tunis paiera au roi de Sicile, pendant quinze ans, le double du tribut auquel il s'était soumis depuis longtemps, et il donnera avant le départ des Croisés, les arrérages des cinq années qu'il n'a point payés.

Lors même que nous ne serions pas en possession du véritable texte de ce traité, il paraît évident au premier coup d'œil que les bases d'une aussi importante négociation n'ont pu être rédigées avec une naïveté aussi puérile, et qu'on ne doit pas ajouter grande confiance dans le rédacteur des annales de Philippe-le-Hardi.

D'autres chroniqueurs ont ajouté un huitième article, dans lequel le roi de Tunis s'engageait à entretenir trois mille hommes au service des chrétiens quand ils feraient la guerre en Terre-Sainte.

Ce traité est d'ailleurs rempli de contradictions.

Comment le roi de Tunis pouvait-il s'engager à payer un tribut pendant quinze ans quand la trève ne devait durer que dix années? C'est donc qu'il voulait s'en affranchir avant l'expiration.

Comment pouvait-il accorder aux chrétiens le droit ou la faculté de faire des prosélytes quand la loi musulmane condamne à mort les apostats?

Dans toute l'histoire musulmane il n'y a qu'un seul exemple d'apostasie, et il n'est pas bien prouvé.

Le véritable traité existe dans les archives du royaume de France.

Si les historiens n'en ont parlé qu'à peu près, et ne l'ont pas cité textuellement, c'est qu'il est écrit en arabe et que cette langue a, presque de tout temps, été méconnue en France.

C'est M. le baron Silvestre de Sacy qui l'a découvert en 1825 dans le carton qui contenait les lettres des *empereurs mongols* publiées à cette époque par M. Abel de Rémusat, et la lettre de Tamerlan à Charles VI, traduite et publiée quelques années auparavant par M. Silvestre de Sacy.

C'est une grande feuille de parchemin scellée d'un grand sceau de cire rouge attaché avec des lacs de soie rouge et verte et portant une légende arabe.

Une inscription latine tracée au dos de cette pièce en indique la teneur.

Voici ce qu'il y est dit concernant l'exercice de la religion chrétienne dans les États du roi de Tunis.

Les parties contractantes sont, d'une part : les rois de France, de Sicile et de Navarre ; d'autre part : le roi de Tunis, *Kalife et Prince des Croyants*.

Il y est stipulé :

« Sécurité et protection entières pour les sujets du roi de Tunis qui se trouveront, pour le commerce, dans les États des rois chrétiens sur terre et sur mer.

« Les rois chrétiens ne fourniront aucun secours aux ennemis du roi de Tunis.

« Pareilles garanties sont accordées par le roi de Tunis aux chrétiens qui résideront ou trafiqueront dans ses États.

« Les moines et les prêtres chrétiens pourront demeurer dans les États du Prince des Croyants qui leur donnera des terrains pour y bâtir des monastères et des églises, et pour y enterrer leurs morts. Lesdits moines et prêtres prêcheront et prieront publiquement dans leurs églises et serviront Dieu suivant les rites de leur religion, et ainsi qu'ils ont coutume de le faire dans leur pays.

« Les marchands des États des rois susdits ou des autres pays, qui sont établis dans les États du Prince des Croyants, observeront dans toutes leurs transactions leurs usages accoutumés. On leur restituera tout ce qui leur a été pris et tout ce qu'ils avaient en dépôt chez les habitants, ainsi que les créances qu'ils avaient à exercer.

« Les prisonniers seront rendus de part et d'autre. »

Vient ensuite la stipulation de tout ce qui concerne l'évacuation du territoire de Tunis, et dans cette stipulation sont expressément comprises les troupes qui pourraient arriver après la conclusion des traités, et nominativement le Prince Édouard d'Angleterre.

« La durée de la trève est convenue pour quinze années, à partir du commencement de novembre 1270.

« L'indemnité, pour les frais de la guerre, est fixée à 210,000 onces d'or, chacune desquelles équivaut à 50 pièces d'argent pour le poids et le titre. (La pièce d'argent ou *dirhem* valait 50 centimes de notre monnaie actuelle. L'once d'or représentait donc 25 francs et la totalité de la somme s'élevait par conséquent à 5,250,000 fr.). Une moitié sera payée comptant ; l'autre moitié répartie en deux années solaires à partir de la date des présentes, et sera acquittée par portions égales à la fin de chacune des deux années.

« Le roi de Tunis donnera aux princes chrétiens, pour la somme dont il reste débiteur, des cautions qui devront être prises parmi les négociants chrétiens. »

Dans ce traité sont compris : Baudoin, empereur de Constantinople, — Guy, comte de Flandres, — Henri, comte de Luxembourg, et tous les comtes, barons et chevaliers présents.

Les prêtres, moines et évêques, sont pris à témoins de tout le contenu du traité.

Après la conclusion de l'acte et sa date, mais avant la signature des témoins musulmans, se trouve la stipulation particulière au roi de Sicile :

« Il est ajouté aux présentes conventions qu'il sera payé au très-illustre Charles, par la grâce de Dieu, roi de Sicile, pour les cinq années passées, finissant à la date des présentes, la somme qui était payée ordinairement à l'empereur. Il sera également payé audit roi très-illustre, à compter de ce jour, et en avance pour chaque année, le double de ce qui était payé à l'empereur. »

Tous les historiens étaient bien unanimes à reconnaître qu'il avait été fait un traité entre Philippe-le-Hardi et le roi de Tunis, en 1270, pour l'évacuation du territoire tunisien par les Croisés, mais ils n'étaient pas d'accord sur les clauses de ce traité dont ils paraissaient ignorer ou ignoraient réellement l'existence.

Cet acte a été, ainsi que nous l'avons dit plus haut, découvert par M. le baron Silvestre de Sacy, traduit et déposé par lui à l'Académie. Un témoin occulaire, l'abbé Mathieu, régent du royaume pour ce qui concernait l'exercice de la religion chrétienne en Tunisie, écrivait quelques mois après le départ des Croisés :

« Le roi de Tunis a permis aux chrétiens d'établir leur résidence et de posséder des biens dans les principales villes de ses États. Il les a autorisés aussi à construire dans ces mêmes lieux des temples où ils pourront prêcher en liberté. »

Il est évident que, pour avoir conclu un tel traité et l'avoir exécuté, le roi de Tunis avait grande hâte de voir s'éloigner les armées chrétiennes. Au fond, il avait compté pouvoir, dans un avenir plus ou moins éloigné, bénéficier de ces concessions de terrains et de bâtisses qu'il se trouvait forcé de faire.

Les deux siècles qui suivent présentent quelques faits que nous retrouverons quand nous ferons l'histoire particulière de chaque ville importante de la Tunisie.

Nous allons arriver à une période nouvelle, la période turque, qui, après avoir anéanti ou à peu près la domination arabe-berbère, s'éteignit ensuite elle-même, débordée par le principe indigène, qui ne perd jamais ses droits, à quelque extrémité qu'on le réduise, et qui finit toujours par reparaître et redominer.

Pour bien comprendre ces événements, il est indispensable d'en retracer l'origine; nous allons faire un retour aux premières époques de l'envahissement arabe.

En 711, Rodrigue, qui fut le dernier roi goth

en Espagne, fit violence à une demoiselle d'honneur de son palais, nommée *Cava*, et fille du comte Julien, alors gouverneur de Ceuta, place importante que les Espagnols avaient en Afrique.

Le comte Julien, pour venger le déshonneur de sa fille, proposa aux Sarrasins du Maghreb, ou de la Mauritanie, de leur livrer l'Espagne.

Muza commandait à cette époque en Afrique pour le Miramolin (commandeur des croyants) de Damas. Il donna au comte Julien cinq cents hommes seulement pour tenter le débarquement, lui promettant une armée entière si le premier coup de main réussissait.

Les Maures, Arabes berbérisés, sous la conduite de Tarif, traversèrent le détroit, appelé jusques-là détroit de Calpée, ou d'Héraclée, et qui prit le nom de Gibraltar qu'il a conservé, de la montagne (*Gébal*) de Calpée et de la première syllabe du commandant *Tar*if, disent les étymologistes.

Tarif-Abenzarca donna aussi son nom à la ville de Tartesso qu'il appela Tariffa, la première qu'il prit en débarquant. Il s'empara ensuite d'Héraclée.

Muza envoya aussitôt douze mille hommes.

Une armée de Goths taillée en pièces abandonne l'Andalousie et l'Estramadure aux vainqueurs.

Les Maures continuent à débarquer en Espagne.

Rodrigue rassemble cent mille hommes sous les murs de Xérès, dans une vaste plaine arrosée par la Guadalette, les deux armées se rencontrèrent. Les trompettes des Goths donnent le signal, les timballes des Maures leur répondent. La déroute des Goths est complète et l'Espagne toute entière (712) est à la merci des Maures.

Tarif-Abenzarca ne laissa pas aux vaincus le temps de se reconnaître, il enleva rapidement toutes les places fortes.

Tolède, la capitale de l'Espagne et la demeure des rois Goths, lui fut livrée par les Juifs.

Muza lui-même passa en Espagne et vint prendre possession de sa conquête, qui fut complète en moins de trois années, sauf les montagnes des Asturies, qui conservèrent leur indépendance, et d'où s'élancèrent plus tard les Espagnols pour, à leur tour, chasser les Maures de leur pays.

En 1371, les États de Castille avaient enjoint aux Maures, comme aux Juifs, de porter une marque jaune sur leurs vêtements afin qu'on pût les distinguer des chrétiens.

En 1480, les Maures sont forcés à habiter des quartiers séparés de ceux des chrétiens, tout comme on y avait contraint les Juifs.

En 1492, un édit expulse d'Espagne deux cent mille familles juives. Cent mille familles environ feignent de se convertir et se maintiennent à la faveur d'un semblant de christianisme.

Trois ans après, ce fut le tour des Maures d'avoir à embrasser la religion catholique, ou de prendre le masque de l'apostasie.

En 1499, dans le seul royaume de Grenade, cinquante mille Maures se laissent baptiser. On traduit même en langue arabe l'Ancien et le Nouveau-Testament pour leur en faire apprécier toutes les beautés.

En 1501, les Maures des montagnes d'Alpuxarra sont soumis à l'alternative, ou de recevoir le baptême, ou de quitter l'Espagne, en payant toutefois un rachat de dix écus d'or par famille, sous peine d'être mis en esclavage.

Quatre-vingt mille familles abandonnèrent le pays; les autres consentirent à passer pour chrétiens. A la nouvelle de cette persécution, le kalife égyptien menaça d'exterminer tous les chrétiens qui se trouvaient en Asie et en Afrique. Mais des présents considérables, envoyés par Ferdinand et Isabelle, apaisèrent sa légitime colère.

Cette brutale et violente expulsion des Maures de l'Espagne, conseillée par l'Inquisition, fut une des plus grandes fautes politiques du temps : elle renforça la piraterie sur la Méditerranée.

Pendant huit siècles les Maures avaient développé en Espagne le génie des arts, le goût des sciences et des lettres. Ils avaient donné à l'agriculture une extension et une prospérité que jamais depuis elle n'a su égaler. Chassés de leurs foyers par l'intolérance religieuse, ils ne respirèrent plus qu'une vengeance parfaitement motivée et justifiée par les persécutions du clergé, qui dominait tout dans ce malheureux pays d'Espagne.

La solidarité qui relie entre elles toutes les nations musulmanes d'une part, le goût des aventures et l'espoir du pillage d'autre part, attirèrent tous les corsaires de la Méditerranée et les poussèrent à piller, dévaster, détruire tout ce qui, navires ou villes, appartenait aux chrétiens, Espagnols ou non, sur les rivages africains.

Deux célèbres pirates, les frères Barberousse, Haroudji et Khaïr-ed-Din, nés à Metelin et Turcs de nation, commencèrent à prendre Djidjelli aux Génois et ils en firent la base de leurs opérations.

Appelé au secours d'Alger par les indigènes contre les Espagnols, Haroudji commença par s'emparer d'Alger, s'y fit reconnaître maître et battit ensuite les Espagnols (1516).

Tout ce que la Méditerranée comptait de forbans vint se joindre à lui. La plupart Juifs et Maures, tous victimes du fanatisme espagnol et à qui la colère et le souvenir des mauvais traitements inspiraient l'audace et le courage de la lutte et de la vengeance.

Khaïr-ed-Din vint rejoindre Haroudji, et les deux frères Barberousse commencèrent sur terre et sur mer une suite d'expéditions toujours victorieuses qui agrandirent et consolidèrent leur pouvoir.

En 1518, Haroudji périt dans une expédition contre Tlemcen. Son frère lui succéda.

Peu de temps après, une armée espagnole commandée par Hugo de Moncade, débarqua devant Alger et fut aussitôt détruite autant par la tempête que par les armes de l'ennemi.

Khaïr-ed-Din, pour assurer tout à fait sa conquête, la mit sous la protection du sultan de Constantinople.

C'est ainsi que la souveraineté des Turcs s'implanta et s'étendit de proche en proche sur les provinces de Tlemcen, d'Alger, de Constantine, de Tunis et de Tripoli, qui prirent le nom de Régences.

Pendant une période de trois siècles, l'histoire de ces régences ne présente qu'une monotone succession de révoltes, de trahisons, de violences, de pirateries, parmi lesquelles viennent seules jeter quelque diversion les entreprises des puissances chrétiennes pour protéger leurs nationaux et abattre la redoutable extension de tous ces corsaires africains.

L'élément turc ne jeta pas de bien profondes racines; il s'absorba peu à peu, s'arabisa, se berberisa par les femmes. Il tend à disparaître complétement. La loi de nature l'emporte.

Le principe fondamental du gouvernement, dans la période dont nous venons de parler, était la concentration entre les mains des Turcs de tous les pouvoirs militaires, surtout dans les villes, et l'exclusion absolue des indigènes de toute participation à l'autorité.

Les Koulouglis, issus de Turcs et de Mauresques étaient même tenus à l'écart de toute fonction publique.

La milice se recrutait parmi les éléments les plus hétérogènes; l'élément d'origine véritablement turque y était en majorité. Nombre de renégats chrétiens ont même figuré aux différents grades de cette milice.

Une poignée d'hommes, quelques milliers, suffisaient aux Turcs pour maintenir leur autorité dans chaque Régence, grâce à certaines tribus indigènes des centres qui percevaient l'impôt et faisaient la police, moyennant quoi ces tribus ne payaient rien et même recevaient un salaire montant à la moitié de leurs perceptions.

Outre les impôts prélevés sur leurs sujets, les Deys et les Beys avaient comme revenus une part des prises opérées par leurs galères sur les navires chrétiens et sur les rivages d'Espagne, d'Italie, de Sicile et de France, où leurs corsaires faisaient de fréquentes excursions.

Des généralités que nous venons d'exposer sur la domination turque dans les États barbaresques, passons aux faits qui ont trait directement à l'histoire de la Tunisie, et indiquons par quel concours de circonstances finit la dynatie maure ou berbère des Hafsides qui avait régné trois cents ans sur Tunis.

Muley-Mahamet avait eu plusieurs enfants de ses diverses femmes. Il désigna comme devant lui succéder son fils Muley-Assan (ou Assez, ou Hascen, ou Hassan), au détriment de son aîné Mamon, homme extrêmement vicieux, qu'il se voyait dans l'obligation de tenir enfermé pour l'empêcher de commettre un parricide. Ses deux autres fils, Araxar et Bethedy, étaient aussi d'insignes gredins.

Aussitôt roi, Muley Hascen, pour se débarrasser des craintes que lui inspirait son frère Mamon, s'empressa de le faire assassiner.

Araxar, prévoyant le même sort, se sauva et se réfugia près d'Abdallah, puissant chef numide, dont il épousa la fille.

Muley-Hascen ne se trompait pas sur la désertion de son frère; il prévoyait qu'il serait bientôt attaqué. Mais pour réduire autant que possible les moyens de trahison qu'il redoutait autour de lui, il dissimula ses craintes. Puis, un jour, il réunit autour de lui dans un banquet tous ses parents, frères, sœurs, oncles, tantes, cousins, cousines, et tous ceux qui, de près ou de loin, avaient dans les veines du sang royal tunisien, sous prétexte de leur faire fête et de resserrer leur union.

A la fin du repas, quand il les eut tous comptés et qu'il se fut bien assuré que pas un ne manquait à l'appel, il les fit saisir, crever les yeux à tous les mâles, quel que fût leur âge, et mettre aux fers toutes les femmes dans des prisons bien gardées.

A la nouvelle de cette cruauté inouïe, Araxar, le frère fugitif, se met à la tête de l'armée de son beau-père, et soulève le plus de tribus qu'il peut ; mais ne se croyant pas encore assez en force, il envoie demander du secours à Khaïr-ed-Din (Cairadin) Barberousse, qui commandait à Alger pour l'empereur des Turcs.

Barberousse promet. Mais avant d'entrer en campagne, il persuade Araxar de se rendre à Constantinople pour saluer Soliman. Araxar tombe dans le piége. Arrivé à Constantinople, Soliman le retient auprès de lui ; il ne veut le laisser retourner à Tunis que quand Barberousse aura fait justice des Tunisiens.

Pendant ce temps, Barberousse investit Tunis.

Muley-Hascen, odieux à ses sujets, et ne voyant autour de lui que trahison, se sauve sur un vaisseau qui le conduit en Espagne, près de Charles-Quint (1535).

Barberousse prend la ville et y fait reconnaître la souveraineté de Soliman, déclarant la Tunisie une province turque.

Charles V, de son côté, sollicité par Muley-Hascen, rassemble une flotte de quatre cents voiles, débarque en Afrique avec l'élite de sa noblesse, enlève aux Turcs trois cents pièces de canon et quatre-vingt-dix galères, et détruit l'ancienne Hippone (Bone) qui lui portait ombrage.

Bientôt après, il remporte une victoire complète sur une armée de cent mille Musulmans, prend Tunis par escalade et d'assaut et y rétablit roi Muley-Hascen qui devient son vassal et tributaire. Pour lui, Charles V garde plusieurs places maritimes, rend à la liberté dix mille esclaves chrétiens (d'aucuns disent vingt mille, d'autres vingt-cinq mille), et il rentre triomphant à Naples avec une armée gorgée de butin et de richesses.

Le 28 juillet 1535, Muley-Hascen et Charles V avaient signé le pacte d'alliance suivant :

1° Muley-Hascen enverra chaque année à

Charles V, ou à ses successeurs, six chevaux et douze faucons, à peine pour lui de payer un dommage de 50,000 écus pour la première fois ; autant pour la seconde fois ; mais à la troisième il sera déclaré traître ;

2° Il tiendra toujours le parti de l'empereur contre les Turcs, et permettra aux chrétiens, dont il devient l'ami, le libre exercice de leur religion ;

3° Il paiera l'entretien et la solde de douze cents Espagnols que l'empereur casernera au fort de La Goulette ;

4° De son côté, l'empereur s'engage et engage en son nom ses successeurs, à ne jamais tenter de prendre aucune ville du royaume de Tunis, déclarant se contenter de La Goulette.

Muley-Hascen, assuré au dehors, crut pouvoir compter sur la tranquillité au dedans. Mais bientôt son fils le détrôna, lui fit crever les yeux et l'enferma dans un cachot jusqu'à ce qu'il mourût.

Nous avons rapporté cet épisode pour donner une idée des gentillesses et des excellents rapports de famille qui ne cessèrent d'exister pendant les trois siècles de règne de cette famille qui ne devait pas tarder à disparaître totalement.

En effet, le sultan Selim envoya bientôt de Constantinople cent soixante galères et navires portant quarante mille soldats. Sinam Bascha, à la tête de cette armée redoutable, se rendit maître de la Tunisie où il détruisit complétement la race des anciens rois, et s'empara de tout le pays que les Espagnols avaient sur le littoral.

Dès lors la domination turque fut véritablement implantée sur le sol africain.

Don Juan d'Autriche venait de gagner la terrible bataille navale de Lépante. Avec deux cents galères fournies par le Pape, Philippe II et Venise, il avait battu la flotte turque, coulé cinquante-cinq galères, capturé cent trente-cinq autres navires, tué trente mille hommes, fait dix mille prisonniers, et délivré quinze mille esclaves chrétiens.

Il avait été fait *généralissime*, mot créé tout exprès pour cette circonstance.

En 1572, Don Juan renouvela contre Tunis l'expédition de Charles V. Mais au lieu de renverser cette ville de fond en comble, comme il en avait reçu l'ordre, il y avait fait bâtir une citadelle, — demandant pour lui-même le royaume qu'il venait de conquérir.

Philippe II rejeta cette proposition, quoiqu'elle eût l'agrément du Pape, qui y voyait un sûr moyen de mettre l'Italie aussi bien que l'Espagne à l'abri des ravages que ce peuple de corsaires y portait sans cesse, malgré tous les traités.

Les Espagnols ne restèrent pas longtemps maîtres en Tunisie. Les Turcs reprirent bientôt le dessus et se rétablirent dans Tunis fortifiée d'une citadelle par les soins de leurs ennemis.

Jetons un coup d'œil sur la forme du gouvernement turc à cette époque.

Le Bascha y gouvernait comme souverain sous l'autorité du Grand Turc. Ils avaient pour eux le titre et l'honneur, mais le véritable pouvoir était aux mains du chef des janissaires.

Les janissaires composant l'armée régulière étaient Turcs, en majorité; les Arabes, Maures, et les renégats ne pouvaient y entrer que dans une proportion inférieure à celle des Turcs, pour éviter qu'ils ne fissent un parti et ne se révoltassent.

Le Divan était composé de l'Aga et de son Chaya (lieutenant), douze Odabaschis de la milice, vingt-quatre Boulabaschis les plus anciens, deux écrivains, et six chaoux (exécuteurs). Ils jugeaient les affaires du pays, après toutefois en avoir référé au Dey (ou chef des janissaires).

Les Cadis avaient l'administration de la justice de paix et de la police correctionnelle.

Sous ce règne du sabre, malgré son autorité apparente, le Bascha n'osait jamais rien entreprendre sans l'approbation du Dey ou chef des janissaires.

Chaque année, on divisait le corps des janissaires en deux camps pour aller percevoir l'impôt dans les tribus d'Arabes et de Maures ou Berbères.

Au dix-septième siècle, cet impôt ne s'élevait qu'à 200,000 ducats.

Dans les villes, il y avait quelques écoles (mesquites) où l'on apprenait aux petits enfants à lire, écrire, compter, et rien autre.

Pour les châtier, quand besoin s'en trouvait, on les frappait à la plante des pieds avec une règle de bois.

L'écolier qui savait lire l'Alcoran d'un bout à l'autre n'avait plus rien à apprendre; il était un savant. Le jour où il était déclaré tel, on le revêtait d'habits tout neufs et on le promenait par toute la ville, escorté de tous ses camarades de la mesquite (école).

Les Mahométans ne se sont jamais servi de plumes pour écrire, ils emploient des roseaux : attendu, dit un dogme de leur religion, qu'un jour, au commencement du monde, la plume désobéit à Dieu qui lui avait ordonné d'écrire la chronique quotidienne de ce temps-là, et quelle s'y refusa.

A lire l'averse de chroniques qui s'écrivent maintenant dans les neuf cents journaux de Paris et les sept cents journaux des départements, il faut avouer que la plume, en France, est revenue de son obstination première.

A l'époque dont nous écrivons l'histoire, les Africains avaient des préjugés insensés, apportés par les Arabes, et qui se sont perpétués presque jusqu'à nos jours. Un exemple entre autres : une femme avait-elle des couches laborieuses, les voisins ou parents allaient chercher à la mesquite la plus voisine quatre enfants ; on leur mettait aux mains à chacun le coin d'un drap au milieu duquel on plaçait un œuf. Les enfants promenaient ainsi, en chantant, l'œuf qu'ils ballottaient dans les rues.

A leur chant, bien connu des habitants, c'était

aussitôt à qui accourrait jeter des cruches d'eau
sur l'œuf. S'ils parvenaient à le briser, la femme
en mal d'enfant était heureusement délivrée sur
l'heure.

Nous constaterons plus loin l'état actuel de la
médecine chez les Arabes d'Afrique.

Notons en passant un principe turc qui fut
une des grandes forces de ces conquérants :

« Dieu s'est réservé le ciel pour demeure ; il a
« laissé aux hommes la terre pour y faire tout
« ce qui leur plaît. »

Et ce principe, ils ne se faisaient point faute de
le suivre à la lettre.

On doit cependant leur rendre cette justice,
qu'en fait de cruautés, de vices ignobles et anti-
sociaux les Turcs n'ont jamais été à la hauteur
des Arabes, témoin ce proverbe berbère (maure
ou kabyle) qui a encore cours à l'heure où nous
écrivons ces lignes :

« Mieux vaut la tyrannie du Turc que la justice de
« l'Arabe (1). »

Puisque nous sommes dans la période des

(1) *Dolm el-Turki khir men hak' el-Arbi.*

corsaires, ne négligeons pas d'indiquer comment se répartissaient les prises.

Voici quelle était la règle d'après laquelle le butin était divisé après la vente des marchandises et des esclaves captifs.

10 0/0 pour le Bascha de Tunis ;
 1 0/0 pour l'entretien du port ;
 1 0/0 pour les marabouts ou prêtres ;
50 0/0 dont 10, 12 ou 15 0/0 pour le capitaine,
    et 40, 38 ou 35 0/0 pour les armateurs.

____

62 0/0

Les 38 0/0 restant étaient répartis :
   3 0/0 au chef des soldats ;
   3 0/0 à son lieutenant ;
   3 0/0 aux janissaires ou soldats ;
   3 0/0 aux maîtres canonniers (renégats) ;
   3 0/0 aux petits canonniers ;
   3 0/0 au pilote ;
   3 0/0 au contre-maître de manœuvre des voiles ;
   3 0/0 au chirurgien (renégat ou chrétien) ;
   2 0/0 au maître de hache ;
   2 0/0 au calfat ;

2 0/0 aux mariniers qui, pour la plupart, étaient des esclaves loués par des maîtres pour le service des vaisseaux. Les maîtres touchaient les parts affectées à leurs esclaves. Enfin 8 0/0 revenaient au second du navire.

En 1604, M. de Brèves, qui pendant vingt-deux ans avait séjourné à Constantinople comme ambassadeur de France près la Porte-Ottomane, obtint du Grand Turc (1) la signature d'un traité duquel nous extrayons les clauses suivantes, à titre de renseignement historique sur les relations du commerce français avec la marine tunisienne.

« Nous, par notre capitulation impériale, commandons que tous les Français soient mis en liberté. Déclarons, qu'en cas que les corsaires continuent leurs brigandages, à la première plainte qui nous en sera faite par l'Empereur des Français, les baschas et gouverneurs des pays de notre obéissance, esquels iceux corsaires ont leur demeure, seront tenus restituer les dom-

(1) Amurat III.

mages et pertes qu'iceux Français auront faites, et seront privés de leurs charges, et ne sera besoin d'autre preuve du malfait que la plainte qui nous en sera faite de la part dudit Empereur de France ou de ses lettres royales. »

Art. xx. « Nous consentons aussi, et aurons agréable, si les corsaires d'Alger et de Tunis n'observent ce qui est porté par notre capitulation, que l'Empereur de France leur fasse courir sus, les châtie et les prive de ses ports; et protestons de n'abandonner pour cela l'amitié qui est entre nos majestés impériales. Approuvons et confirmons les commandements qui ont été donnés, de feu notre père, à ce sujet. »

Art. xxi. « Nous permettons aussi que les Français, nommés et advoués de leur prince, puissent venir pêcher du poisson et du corail au golfe de Stora-Courcoury, lieu dépendant de notre royaume d'Alger, et en tous autres lieux de nos côtes de Barbarie; et en particulier aux lieux de la juridiction de nos dits royaumes d'Alger et de Tunis, sans qu'il leur soit donné aucun trouble ni empeschement. Confirmons toutes les permissions qui ont été données par nos ayeuls, et singulièrement par feu notre père, touchant cette pêche, sans qu'elles soient sujettes à autre confirmation que celle qui en a été faite de toute ancienneté. »

Revenu à la cour de France avec ce traité extrêmement prolixe, M. de Brèves partit l'année suivante (1605) pour Tunis, en qualité d'ambassadeur du roi Henri, à l'effet de faire ratifier ledit traité par le bascha tunisien et procéder à la délivrance des captifs français.

Voici quelles furent les clauses arrêtées entre l'ambassadeur de France et le régent de Tunis :

1° Les corsaires tunisiens ne troubleront plus les Français, et n'empescheront en façon quelconque par leurs courses, ni leur navigation, ni leur trafic ordinaire.

2° Ils ne permettront plus que les pirates anglais ou autres soient reçus en aucun port dépendant de leur juridiction.

3° S'il en vient quelques-uns, ils s'engagent à faire restituer au consul de la nation française tout ce que lesdits corsaires se trouveraient avoir pris sur elle, et à faire justice exemplaire.

Contre-engagement :

1° Tous les actes d'hostilité commis antérieurement par les Tunisiens contre les Français seront oubliés.

2° Toutes les prises faites jusqu'à ce jour sont validées.

3° Dans le délai d'un an au plus la liberté sera rendue aux Turcs qui rament sur les galères françaises.

4° Les galères, navires, galiotes, brigantines et frégates de l'État de Tunis auront libre accès dans tous les hâvres de France, seront reçus comme vaisseaux d'alliés, et pourront s'y pourvoir de vivres et d'eau.

En ce temps-là l'Espagne affaiblie de soldats, appauvrie d'argent, redoutait une déclaration de guerre de la France. Henre IV songeait à conclure des alliances avec toutes les puissances du Nord. Il préparait une formidable armée et se disposait à la diriger vers la Navarre. Alors aussi fomentaient parmi les Maures qui étaient restés en Espagne des idées de révolte.

Philippe III, d'après les conseils de l'Inquisition, ordonna aux Maures de quitter le sol de ses États dans un délai de trente jours, terme qui fut prolongé à six mois (1609-1610).

Le duc d'Ossuna fut le seul parmi les grands qui osa blâmer cet ordre malencontreux.

Le prétexte de cette déportation fut que les Maures n'avaient pris que l'extérieur du christianisme afin de rester en Espagne, et qu'intérieurement ils étaient demeurés fidèles aux préceptes de l'Alcoran.

Les Maures proposèrent alors à Henri IV de leur permettre de venir habiter et défricher les landes de Bordeaux; ce prince refusa de les laisser venir en France parce qu'ils n'étaient pas chrétiens.

Si la question religieuse, toujours intolérante dans les pays, ne s'était pas opposée à l'admission de ce peuple, cultivateur par excellence, la France posséderait depuis trois siècles, un million d'hectares de terres rendues productives, nourrissant au moins un million d'habitants, au lieu de ces déserts qui composent le territoire des landes de la Gascogne.

Les Maures quittèrent donc cette fois définitivement l'Espagne au nombre de cinq cent mille, — d'autres disent huit cent mille, — et ils se réfugièrent partie en Asie, partie en Afrique. Il leur avait été cependant permis de vendre et de réaliser leurs biens immeubles, mais à la condition expresse d'en convertir le montant à l'achat de marchandises espagnoles qu'ils pourraient dès lors emporter avec eux.

Quant à l'or, l'argent, et aux pierreries — et personne n'en possédait plus qu'eux, — ils surent aussi les emporter.

Mais en perdant de tels hommes, l'Espagne perdit beaucoup plus que des trésors d'argent : avec les Maures disparurent l'industrie, les arts, le négoce et aussi l'agriculture.

De cette époque date la décadence de la nation espagnole et le dépérissement de la monarchie.

Le Maroc, l'Algérie, et la Tunisie principalement reçurent la plus grande partie de ces expatriés.

A Tunis, comme partout où ils se fixèrent, ils apportèrent toute sorte d'industrie.

Depuis plusieurs siècles déjà, les États barbaresques ne vivaient et ne s'enrichissaient que par le pillage et la piraterie. Avec les Maures, le commerce reparut. Ils y plantèrent la vigne, qui y était inconnue, et ils construisirent beaucoup de villages depuis le littoral jusque dans les oasis du désert.

Grâce à eux Issouf-Dey, un des chefs des

janissaires les plus riches qui eussent existé, fit construire à ses frais un aqueduc de pierres d'une lieue pour amener de l'eau potable à Tunis.

Ce chef, aussi généreux qu'il était riche, fonda une aumône quotidienne à perpétuité de quatre cents pains à répartir ainsi :

Deux cents, aux pauvres Koulouglis (métis de Turc et d'indigène), cent aux Turcs naturels, cinquante aux Maures et Arabes, et cinquante aux Andaloux ou Maurisques (Maures d'Espagne).

A Issouf-Dey, succéda un renégat génois, Sta-Morat.

Pendant les dix-septième et dix-huième siècles, et toujours grâce aux Maures ou Maurisques, diverses compagnies développèrent le commerce des produits naturels du pays, par l'échange avec les marchandises européennes. Ce fut ainsi que les populations du littoral se familiarisèrent avec le nom et les mœurs des Français. De là aussi naquirent des intérêts de négoce assez considérables dont la protection fit partie de la mission donnée aux consuls que la France entretient à Tunis.

Le consul de France à Tunis a le pas et la

préséance sur les autres consuls, grâce à l'ancienneté des relations des deux pays. Il a le titre de consul général et de chargé d'affaires.

RÉSUMÉ.

Période berbère ou autochthone : époque antéhistorique.

Période phénicienne ou carthaginoise : depuis des temps inconnus comme date, jusqu'à la défaite de Jugurtha, 104 ans avant l'ère vulgaire.

Période romaine : depuis 104 avant notre ère jusqu'en 428.

Période vandale : depuis 428 jusqu'en 534.

Période byzantine ou gréco-latine : depuis 534 jusqu'en 642.

Période arabe ou berbère-arabe : depuis 642 jusqu'à la première moitié du onzième siècle.

Deuxième période arabe ou mauritannienne-arabe : depuis le milieu du onzième siècle jusqu'en 1516 en Afrique, et 1535 en Tunisie.

Période turque : depuis 1516 à Alger, et 1535 à Tunis.

DEUXIÈME PARTIE

Si l'on jette les yeux sur une carte géographique française de la Régence de Tunis, on est tout d'abord surpris des noms étranges qui l'émaillent, et qui sont tout à fait inintelligibles pour qui n'a pas une connaissance très-superficielle de la langue arabe.

Certainement, en voyant inscrits, sur toutes les petites masses d'ombre qui représentent les *montagnes* les mots répétés de *Djebel*, on devine facilement la signification de ce mot ; de même aussi en lisant le mot *Oued*, le long de toutes les lignes noires tortueuses qui indiquent les cours d'eau, on comprend que ce mot doit se traduire par *Rivière*.

Mais il y a une infinité d'autres mots dont la signification est moins facile à déterminer.

Nous indiquons ici les principaux.

A une légère différence d'orthographe près, selon le géographe qui a dressé la carte, on retrouve dans toutes les cartes, ces dénominations générales :

Aïn — source.
Bab — porte.
Belad — pays.
Biar — puits.
Bordj — château.
Cosour — villa, maison de campagne.
Djama ou *Djamê* — chapelle.
Feskiar — réservoir.
Fondouk — caravansérail.
Hammam — eau minérale ou thermale.
Henchir — ruines romaines.
Kasr — château.
Kasbah — forteresse.
Mesdjid — mosquée (avec tour).
Ras — cap.
Rhar — caverne.
Sebkha — marais.
Semah — tour carrée.

Zaouïa — chapelle, marabout.
El — il ou elle.
Garâa — marais.

Nous avons jugé nécessaire de donner la traduction de ces divers noms qui reviendront souvent dans le cours de cette seconde partie consacrée à l'histoire particulière de chacune des principales villes de la Régence.

Nous avons divisé ainsi cette longue excursion dans le domaine du Bey :

Côtes du Nord ;
Presqu'île du cap Bon ;
Littoral de l'Est ;
Les îles ;
Centre Est ;
Province du Sud, Belad-el-Djerid (pays des dattes).
Centre et frontière Ouest.

LITTORAL DU NORD

GOLFE DE TUNIS

BIZERTE.

Époque anté-historique : Hippo-Zarytus, fondé par les Phéniciens, sur les bords de la mer, et communiquant avec le lac de Bizerte par un canal de plus d'une lieue dont les substructions, ainsi que celles des deux môles du port, existant encore aujourd'hui, remontent à la plus haute antiquité.

Plus tard, cette ville prit le nom de Biserta.

Trois siècles avant notre ère, son port fut agrandi par Agathocle, qui ajouta de nouvlles fortifications aux travaux de défense.

Lorsque les Maures furent chassés d'Espagne et se refugièrent sur les différents points de l'Afrique, la Régence de Tunis leur concéda un assez grand nombre de territoires. Une de leurs colonies s'établit près du rivage et fonda un nouveau faubourg à Bizerte sous la désignation encore actuelle de Houmt-Andless (quartier des Andaloux). Ce faubourg est encore aujourd'hui habité en partie par les descendants de ces fugitifs. Nous disons « en partie » car, comme la ville elle-même, beaucoup de ses maisons sont à moitié détruites.

Il y a deux siècles à peine, le port de Bizerte était le plus beau et le plus sûr de toute cette partie de l'Afrique ; la ville comptait 12,000 habitants. Aujourd'hui sa population est diminuée de plus de moitié.

Bizerte est bien déchue de l'importance dont jouissait la ville antique et même la ville nouvelle, il y a deux siècles.

A cette époque, son commerce commença à diminuer et sa population suivit cette marche décroissante.

Néanmoins, sa position est si heureuse, la campagne qui l'environne est si fertile, et son vaste lac est si poissonneux, qu'elle renaîtrait bien vite à une prospérité nouvelle si le gouvernement de la Régence songeait à tirer parti de ses avantages naturels. Son port redeviendrait l'un des meilleurs et des plus sûrs de la Tunisie ;

les plus gros vaisseaux même pourraient y trouver accès. Il ne s'agirait, au dire d'ingénieurs compétents, que d'exécuter quelques travaux qui ne seraient ni longs ni dispendieux.

La rade est défendue par deux batteries rasantes et par un fort situé sur un monticule. On la dit dangereuse par les grands vents du Nord et du Nord-Est.

Le lac de Bizerte a treize kilomètres de l'Est à l'Ouest, et sept kilomètres du Nord au Sud. A son extrémité Sud-Ouest, un second canal qui n'est pas endigué comme le premier le fait communiquer avec un second lac presque de même dimension appelé Garâa-Echkheul.

Ce canal, l'Oued-Tindja, serpente et se replie plusieurs fois sur lui-même.

Ces deux lacs sont extrêmement poissonneux.

On y pêche principalement une prodigieuse quantité de thons, au moyen de grandes chambres en jonc ou en osier. Ces poissons sont ensuite transportés à Tunis, à dos d'ânes ou de mulets. Cette pêche rapporte annuellement au bey 80,000 piastres (400,000 francs).

A l'époque des pluies d'automne et d'hiver, les eaux du lac du Sud sont douces et déversent leur trop plein dans le lac du Nord par le canal de l'Oued-Tindja ; pendant l'été, un courant contraire s'établit entre les deux lacs : le lac de Bizerte, en communication directe et permanente avec la Méditerranée, fournit son eau amère au Garàa-Echkheul.

Les bords de ce dernier lac et de l'Oued-Tindja sont ornés de gigantesques lauriers-roses dont les touffes de fleurs se succédant perpétuellement, offrent le plus agréable et le plus séduisant aspect.

Sur la rive Est de ce lac se trouve une source minérale renommée *Aïn-Megress* et des bains thermaux *Hammam-Echkheul*.

La nature et les paysages de tous les environs semblent appeler, par les voix les plus persuasives, les populations à venir se grouper, comme autrefois, sur tous les points de cette magnifique contrée ; malheureusement les populations ne se pressent pas de répondre à l'appel.

PORTO-FARINA.

Rhar-le-Melah (*alias* Gharelmelha), plus connue sous le nom de Porto-Farina, fut jadis une ville très-importante, et qui ne compte plus guère aujourd'hui que sept cents musulmans, auxquels il faut ajouter une soixantaine de chrétiens et autant de juifs.

Son port, autrefois très-profond, s'ensable chaque jour, comme du reste le beau lac sur les bords duquel il est situé et qui n'est séparé de la mer que par une étroite langue de terre cultivée, laquelle est coupée par un chenal (Bograz ou Bougraz) de quelques cents mètres de largeur.

Ce lac, de huit kilomètres d'Est en Ouest et de cinq kilomètres du Nord au Sud, se comble insensiblement par la quantité de terre, de sable et de limon qu'y déposent continuellement les divers cours d'eau qui s'y jettent, entre autres la Medjerdah, la rivière de Tunisie qui a le plus long parcours.

L'amandier est l'arbre dominant dans les superbes vergers des environs, et la vigne apportée par les Maures d'Espagne y donne, comme aux environs de Bizerte, de magnifiques produits. Porto-Farina est à dix lieues de Tunis au Nord; Bizerte, à quatorze lieues au Nord-Ouest.

UTIQUE

BOU-CHATER.

Fondée plus de douze siècles avant notre ère,
Utique est l'une des plus anciennes colonies que
Tyr ait établies sur la côte africaine.

Quoiqu'elle n'existe plus, quoique son nom
même ait été entièrement effacé de la mémoire
des habitants de la contrée, nous croyons devoir rappeler ce qu'elle fut, l'histoire d'un pays
et le pronostic de son avenir ne pouvant s'établir que d'après les monuments de son passé.

Trois cents ans avant notre ère, l'aventurier
grec Agathocle s'en empara.

Après la première guerre punique, ayant pris
part à l'insurrection des mercenaires, elle fut
sévèrement punie par Carthage.

Scipion, débarquant en Afrique établit ses
quartiers d'hiver presque sous ses murs.

L'an 204 avant notre ère, il l'assiéga longtemps et par mer et par terre, mais elle résista
victorieusement et ne se laissa pas entamer.
(Alors, bâtie sur les bords de la Medjerdah qui,
après l'avoir entourée de ses replis, se jetait

dans le lac de Porto-Farina, les ruines actuelles d'Utique se trouvent aujourd'hui à plus de deux lieues de ce lac par suite des alluvions de la rivière.)

Au commencement de la troisième guerre punique, craignant d'être entraînée dans la ruine imminente de Carthage, elle se soumit aux Romains.

Quand, cent quarante-six ans avant notre ère, Carthage succomba, Utique devint la métropole de l'Afrique et la résidence du proconsul romain.

Elle fut la patrie de Caton qui, quarante ans avant notre ère, après avoir inutilement tenté de défendre la République contre César, s'y tua pour n'avoir pas à subir la clémence du vainqueur.

Sous Auguste, Utique obtint ou plutôt porta le titre de colonie romaine.

A l'époque chrétienne, lorsque Carthage se se releva de ses ruines, Utique perdit de sa prépondérance et descendit au rang de seconde ville de l'Afrique. Elle devint le siége d'un évêché.

Renversée de fond en comble lors de l'invasion arabe, elle perdit jusqu'à son nom.

Un misérable hameau de quelques huttes habitées seulement en été à l'époque des récoltes, et appelé Bou-Chater, c'est là, avec un pauvre douar qui lui-même ne campe en ce lieu qu'une partie de l'année, c'est là, disons-nous, l'unique population qui anime aujourd'hui les ruines de l'ancienne Utique.

Comme Carthage, dont elle était la sœur aînée, et qui seule l'éclipsait en magnificence et la dépassait en étendue, Utique n'a laissé sur le sol que des vestiges qui sont à peine l'ombre de ce qu'elle fut autrefois.

Utique était composée de deux quartiers distincts : la ville haute et la ville basse.

On retrouve aux environs, sur les hauteurs, les débris d'un aqueduc soutenu sur des arcades et construit de petites pierres en blocage.

Cet aqueduc amenait à la ville les eaux d'une montagne appelée aujourd'hui Kechbata, et distante au Nord-Ouest de dix kilomètres, à moitié route du lac de Bizerte où ces eaux allaient se jeter.

A côté des ruines de cet aqueduc se trouve un système de vastes citernes composées de six réservoirs de forme rectangulaire, et parallèles. La longueur de chacun des réservoirs est de quarante-cinq pas, et leur largeur de sept pas et demi. Jadis très-profonds, ils sont aujourd'hui à moitié remplis de terre et leurs voûtes sont en partie écroulées. Ils servent aujourd'hui d'étables pour le douar qui a dressé ses tentes non loin de là. Les caravanes de passage qui font halte à Bou-Chater s'y refugient également avec leurs chameaux et autres montures.

Un canal communiquant avec la mer traversait la ville par le milieu. Il est depuis longtemps comblé et livré à la culture aux endroits qui ne sont point par trop marécageux. Les quais qui bordaient ce canal étaient couverts de constructions dont plusieurs paraissent avoir été très-considérables, comme nos docks actuels. Ce canal aboutissait à un vaste bassin circulaire, comblé aussi et marécageux; c'était le port militaire d'Utique. Au centre de ce bassin s'élève un monticule où gisent les débris d'un puissant édifice dont les pans de mur très-épais sont renversés les uns sur les autres. On suppose que cet édifice était l'Amirauté. Quant au port marchand, il a disparu sous les alluvions de la Medjerdah, qui forme en cet endroit, jadis occupé par la mer, un delta en passe de combler à une époque possible à calculer le lac de Porto-Farina, qui déjà n'est plus accessible même aux navires d'un faible tonnage.

Non loin d'Utique, au milieu d'un terrain mérécageux, jaillit une source d'eaux thermales dont la température est de 33° centigrades. Elle se rend dans un bassin que recouvre un toit de roseaux. Des tortues se promènent dans le fossé où se déversent les eaux du bassin. Les Arabes qui viennent s'y baigner ne manquent jamais d'apporter des galettes de pain à ces tortues, qu'ils considèrent comme sacrées; ils s'imaginent que, s'ils négligeaient ce devoir, le bain qu'ils viennent prendre, au lieu de leur être profitable, leur serait nuisible.

Les ruines d'Utique se trouvent à huit lieues Nord-Nord-Ouest de Tunis.

CARTHAGE

Empruntons à El-Bekri, le célèbre historien dont nous avons déjà parlé, la description de l'emplacement sur lequel s'élevait Carthage et qu'il avait visité en personne vers le milieu du onzième siècle, alors qu'il était au service du souverain de Tunis.

Il écrivait en 1046 :

« Carthadjenna, à douze milles de Tunis.

« On dit qu'elle fut bâtie par Didon, roi contemporain de David, fils de Salomon, et que, entre sa fondation et celle de Roumiya (Rome), il s'écoula un intervalle de soixante-douze années.

« Celui qui entrerait dans Carthage tous les jours de sa vie, et s'occuperait seulement à y regarder, trouverait chaque jour une nouvelle merveille qu'il n'aurait pas remarquée auparavant. Cette ville est située si près de la mer que la muraille en est baignée par les vagues.

« Une légende dit qu' « elle fut bâtie par un peuple, dernier reste d'une nation adite qui périt dans un ouragan. » Après eux, la ville resta en ruines pendant un millier d'années. Quand elle fut rebâtie par Ardmîn, fils de Laoudûs, fils de Nemrod-le-Puissant, il y fit venir les eaux douces de Delala, leur ayant creusé un passage à travers les montagnes, et bâti des arcades dans le fond des vallées pour maintenir le niveau du canal. Après un travail de quarante années, l'eau parcourut cet aqueduc. Pendant qu'on creusait les fondations des arcades, continue la légende, on trouva une pierre sur laquelle était gravée l'inscription suivante :

CETTE VILLE NE SERA PAS DÉTRUITE JUSQU'A
CE QUE LE SEL S'Y MONTRE. »

Il y a là un sens mystique que plus d'un historien a cherché à expliquer, sans y parvenir d'une manière plausible et satisfaisante.

Nous croyons, avec M. le baron d'Espiard de Colonge, qu'à une époque indéterminée, un épouvantable cataclysme a éclaté sur notre globe pendant une longue suite d'années, et a couvert plusieurs contrées de la terre d'une averse de rochers et de sable mélangés d'eau et du sel qui constitue la salure actuelle des mers ; qu'à une époque un peu moins éloignée, les humains qui avaient échappé à ce premier désastre en redoutaient un second dans des conditions identiques.

Il y a en effet en Afrique, et principalement en Tunisie, d'immenses lacs salés, de grandes étendues de territoire couvert de sel cristallisé, et peu de puits qui ne soient amers.

Ce serait donc la crainte d'un déluge d'eau salée qui aurait dicté la prédiction que nous avons cité d'après El-Bekri et quelques auteurs latins.

(Consulter sur le cataclysme auquel nous faisons allusion, le savant et intéressant livre de M. le baron d'Espiard de Colonge : *La Chute du ciel.*)

Continuons à transcrire le récit d'El-Bekri :

« Le monument le plus merveilleux de Carthage c'est la maison de divertissement, que l'on nomme aussi *Thiater* (le Théâtre). Elle se compose d'un cercle d'arcades soutenues par des colonnes et surmontées par d'autres arcades semblables à celles du premier rang...

« Le marbre est si abondant à Carthage que si tous les habitants de l'Ifrikia se rassemblaient pour en transporter les blocs ailleurs, ils ne pourraient accomplir leur tâche.

« On y voit aussi la *Moallaca* (la Suspendue), château d'une hauteur prodigieuse. Il se compose de voûtes en plein-ceintre à plusieurs étages.

« Le château nommé *Coumech'*, qui est aussi à plusieurs étages appuyés sur des colonnes de marbre d'une grosseur et d'une hauteur énormes. Sur le chapiteau d'une de ces colonnes, douze hommes pourraient s'asseoir, les jambes croisées, et avoir au milieu d'eux une table pour y manger et y boire. Elles sont cannelées, blanches comme la neige, et brillantes comme du cristal. Quelques-unes sont encore debout, les autres sont tombées.

« On y remarque aussi une grande voûte dont l'extrémité échappe aux regards et qui renferme sept vastes réservoirs, nommés les « Citernes des démons. » Ils contiennent une eau très-ancienne qui y est restée depuis un temps immémorial.

« Dans le voisinage du château de *Coumech'* est une prison obscure, formée de voûtes posées les unes sur les autres, et dont l'entrée inspire l'effroi. On y trouve des cadavres qui conservent encore leur forme primitive, mais qui tombent en poussière dès qu'on les touche.

« Le port était situé dans l'intérieur de la ville, et les navires y entraient voiles déployées ; mais il n'est plus maintenant qu'un marais saumâtre.

« Au centre de la ville est un grand bassin entouré de dix-sept cents arcades, dont une partie est encore debout.

« Les eaux d'*Aïn-Djocar* (Djougar ou Djiougar), à douze lieues de Tunis (cinquante-six kilomètres en ligne droite), arrivaient à ce réservoir. Elles coulaient vers Carthage par un grand canal qui passait tantôt sous terre, tantôt sur des rangées d'arcades placées les unes sur les autres, et s'élevant à de certains endroits jusqu'aux nuages. » — (On voit que l'auteur est poète : il exagère,)

« On remarque à Carthage deux châteaux nommés *El-Okhtaïn* (les Sœurs), qui sont entièrement construits en marbre et de la manière la plus solide. Ils se composent de blocs qui s'emboîtent les uns dans les autres. Un ruisseau, dont la source est inconnue et qui vient du côté du Nord, arrive jusqu'à ces édifices par un conduit, et s'écoule ensuite dans la mer. Sur ses bords on a établi des *Noria* (roues à godets) pour fournir l'eau aux villages (qui occupent l'emplacement) de Carthage.

« Plusieurs colonnes sont encore debout. La portion qui n'est pas cachée dans le sol a encore quarante coudées de hauteur.

« On y voit aussi une coupole d'une telle hauteur, qu'un archer ne saurait en atteindre le sommet avec une flèche lancée de toutes ses forces. L'aire de cet édifice est en mosaïque ; il a cinquante coudées de diamètre.

« Aujourd'hui (438 de l'hégire — 1046 de l'ère chrétienne), les ruines de Carthage sont couvertes de beaux villages, riches et bien peuplés. »

Tel était l'aspect des ruines de cette merveille des temps antiques, vers le milieu du onzième siècle. Quatre ans plus tard environ avait lieu l'horrible invasion de ce million d'Arabes du Saïd appelés par Djerjerani-le-Mutilé, dont nous avons dit l'histoire, et qui, comme une nuée de sauterelles ravageant tout sur leur passage, ruinèrent les ruines même.

Aujourd'hui les ruines de la célèbre Carthage ne présentent plus que des vestiges bien mutilés d'un grand édifice qui fut ou un palais, ou un théâtre.

A quelque distance au-dessus, à l'Ouest, se trouvent les fameuses citernes. Elles sont immenses, formées par une suite de voûtes qui prennent naissance les unes dans les autres, et bordées dans toute leur longueur d'un corridor, qui les entourait pour aider aux réparations.

Ces citernes forment seize réservoirs juxta-posés, ovales, profonds de douze pieds, longs de vingt.

L'étendue de terrains couverts de débris de l'antiquité, entremêlés de terres labourées et de quelques misérables constructions modernes, est très-vaste, et, quand on considère que, en outre, une grande partie a été envahie, d'un côté par la mer, de l'autre par le lac, on peut se faire une idée de l'immensité de Carthage.

La terre est jonchée partout de morceaux de marbre, de granit, de porphyre, de vert-antique, etc., dont la majeure partie ne se trouve dans aucune carrière du pays, et a dû y être transportée à grands frais.

Un savant antiquaire y a compté six espèces principales de marbres étrangers :

1° Deux ou trois variétés de marbre blanc statuaire de *Paros,* et une de *Pentélique ;*

2° Plusieurs variétés de *marbre Cipolin ;*

3° Du marbre jaune de *Sienne ;*

4° Du marbre de *Pavonazzo,* en Italie ;

5° Du *porphyre feldspath,* connu sous le nom de *vert-antique ;*

5° Du porphyre rose d'Égypte.

On a trouvé aussi dans les fouilles faites par le consul d'Angleterre, du granit rose conforme à celui des colonnes du temple de *Palmyre.*

L'Italie, la Grèce et l'Égypte, avaient été

mises à contribution de ces minéraux, tout à fait étrangers au sol de l'Ifrikia.

RADÈS ou RADEUSS.

Bourg fort ancien et très-renommé autrefois ; distant d'environ six milles de Tunis, dont il fut longtemps le port militaire, renfermant les chantiers de construction ; situé entre le lac de Tunis et la mer.

Devant Radès, et non loin de cette ville, coule la rivière appelée Oued-Melian. Un pont d'une longueur et d'une élévation remarquables avait été jeté sur cette rivière ; il n'existe plus aujourd'hui ; il a été remplacé par un autre pont construit sous le règne du premier Hamouda-Pacha, Pacha de Tunis.

Les Tunisiens racontent que l'ancien pont avait été construit avec les deniers d'un homme du R'arb qui mendiait à l'entrée d'un pont plus ancien encore jeté sur cette rivière, au même endroit. Lorsqu'il mourut, on lui trouva une fortune considérable, et l'émir Abou-Zacharia ordonna que cet argent fût employé à la reconstruction du pont.

Autour de Radès, beaucoup de vignobles et de vastes champs ensemencés.

EL-HAMET

(BAINS THERMAUX.) (ENVIRONS DE TUNIS.)

El-Hamet, ou H'amet-el-Djezira, ou H'aman-lif, l'*Ad aquas* des anciens, sources thermales.

Ces bains ont une assez grande réputation, justifiée d'ailleurs, paraît-il. Les eaux y ont un degré de chaleur assez considérable et sont surtout prônées pour la guérison des maladies graves, incurables par les autres moyens thérapeutiques de la médecine arabe.

Diverses constructions se sont élevées auprès de ces sources. De tous temps les beys de Tunis y ont eu un palais. Aujourd'hui, ce palais abandonné tombe en ruine.

On y retrouve les restes d'anciennes constructions qui, si elles ne datent pas du premier âge de Carthage, doivent remonter au plus tard à l'époque de l'occupation romaine.

El-Bekri, que nous aurons souvent occasion de citer, — comme l'ont fait tous les historiens qui lui sont postérieurs — rapporte, dans un de ses livres, la légende historique du pays où ces sources sont situées.

Après avoir constaté que « cette source d'eau chaude est considérable et que maintes fois on en a reconnu l'efficacité, » il ajoute :

« Avant l'époque où nous écrivons, l'accès de ces bains était interdit par la construction d'un mur qui les entourait de toutes parts. Plus tard, ils furent accessibles à tous. Cette construction, formant autrefois l'enceinte dont il vient d'être parlé, existe encore aujourd'hui (1046).

« Ces sources thermales sont la limite du pays connu sous le nom de Mornak', appelé ainsi du nom d'un chrétien qui en resta le maître après la conquête de l'Afrique par les Arabes. Ce chrétien devint propriétaire de cette localité par ruse et tromperie, et cependant H'assan-ben-el-N'oman sanctionna sa possession.

« Voici les faits :

« Mornak' était maître de Carthage.

« Lorsque les Musulmans pénétrèrent dans l'Ifrikia et que la ville de Tunis fut conquise (1)

(1) Et non fondée alors, comme le disent les historiens arabes.

par Hassan, ce dernier se porta au devant de Mornak pour le combattre. Chaque jour les Musulmans prenaient les armes, puis, le soir venu, retournaient à Tunis. Or, quand ils reparaissaient le matin, ils avaient constamment le soleil en face, ce qui leur fatiguait la vue (Carthage est à l'Est par rapport à Tunis). Ils en écrivirent au kalife Othman, qui ordonna de ne combattre l'ennemi à l'avenir qu'après l'heure du zoual, sage mesure qui vint rendre la position des Grecs (Roums) extrêmement critique. Aussi ceux-ci, qui avaient tenu prêts plusieurs navires non loin de la porte dite Bab-el-Neua, s'y embarquèrent secrètement avec leurs femmes et leurs enfants dans le court espace d'une nuit et abandonnèrent la ville, dans laquelle il ne resta plus que le roi, nommé Mornak', sa famille et ses enfants.

« Celui-ci écrivit alors à H'assan :

« — Veux-tu m'accorder la vie sauve à moi et « à ma famille, et me laisser indiquer le lieu où « je désire fixer ma retraite? Moyennant cette « condition, je m'engage à te rendre la ville. »

« Ignorant la fuite de ceux des Grecs qui étaient parvenus à s'embarquer, H'assan accéda à ses propositions.

« Mornak choisit alors, conformément à la convention préalablement arrêtée, ce pays qui aujourd'hui encore est appelé de son nom, et qui renfermait à cette époque un grand nombre de villages. Il mit les Musulmans en possession de la ville, dans laquelle ceux-ci ne trouvèrent que le roi et sa famille.

« H'assan exécuta toutefois la promesse qu'il avait faite, et Mornak devint ainsi le maître de ce territoire. »

LITTORAL NORD ET EST

PRESQU'ILE DU CAP BON (SCHERICK)

La presqu'île de Scherick, ou cap Bon, a la forme d'un parallélogramme de dix-huit lieues de longueur, du Sud au Nord-Est, sur huit ou neuf lieues du Nord-Ouest au Sud-Est.

Ses côtes occidentales forment la corne du vaste golfe de Tunis, au levant.

Ce fut sous l'administration de Dinar-Aboul-Monadjir, an 51 (671), que les Arabes commencèrent la conquête de cette presqu'île. Le premier administrateur que Dinar y établit fut Scherick-el-Abssi, qui lui imposa son nom.

Cette contrée était divisée en un assez grand nombre de territoires. Le plus considérable d'entre eux était celui de Menzel-el-Kébir. C'était une grande ville ayant une mosquée, des bains et des marchés importants. On dit que les colonnes de sa mosquée, qui étaient en marbre poli et d'une forme très-gracieuse, ont été transportées, il y a quelques années, à Tunis où elles ont été employées dans la construction de la Kasbah. Elles provenaient des ruines d'une ancienne ville romaine.

Cette localité porte encore de nos jours son nom de Menzel-el-Kébir. Elle n'est pas portée sur la carte officielle du dépôt de la guerre de France; cette carte est, du reste, la moins bonne de toutes les cartes de la Régence de Tunis. Celles dressées par des voyageurs savants en archéologie sont plus complètes à certains points de vue, mieux réussies et d'une plus grande facilité à être comprises. Malheureusement on ne peut se les procurer isolées; elles font partie d'ouvrages qu'il faut acquérir en même temps.

Le Menzel-el-Kébir moderne ne compte guère plus de deux cents maisons, groupées ensemble et entourées de jardins et de bois d'oliviers. La population peut s'élever à huit cents habitants.

SOLIMAN.

Fondée, ou plutôt rebâtie en 1611, par les Maures chassés d'Andalousie, sur les vastes ruines d'une cité antique dont rien jusqu'à présent n'a pu faire reconnaître le nom, elle a pu compter à certaine époque une population d'au moins dix mille habitants.

Pour se faire une idée de l'emplacement que pouvait occuper une ville de cette importance, il faut ne pas oublier que le système de construction des maisons dans les pays orientaux diffère essentiellement de notre genre d'architecture. Chez eux, tout est en étendue, rien n'est en hauteur; les habitations ont rarement plus d'un étage, et toutes sont pourvues de cour ou de jardin intérieur.

Aujourd'hui, par suite d'une grande épidémie qui l'a ravagée dans la première moitié de ce siècle, et aussi à cause des exactions, autre fléau dont elle a, comme tant de villes de la Régence subi les désastreux effets, elle se trouve réduite à une mince population de sept cents habitants. Les trois quarts des maisons sont en voie de complète destruction, et presque toutes les rues offrent le triste spectacle de la ruine et de la désolation.

Nous aurons, hélas! plus d'une fois à répéter ces navrantes paroles, dans le cours de cette étude.

Située au milieu d'une vaste plaine des plus fertiles, à sept lieues de Tunis et à moins d'une lieue de la mer, cette ville, par l'avantage naturel de sa position au confluent de deux rivières dont une est assez forte, a dû être dans l'antiquité l'une des plus grandes et des plus populeuses cités de la presqu'île du cap Bon : peut-être l'ancienne Megalopolis (la Grande Ville) dont on n'a pu encore découvrir l'emplacement et qui devrait se trouver dans cette contrée.

EL-HAOURIA.

El-Haouria n'est qu'un village sans autre notoriété que ses antiques carrières. Il est situé à la pointe Nord du cap Bon (Rass-Addar).

A deux kilomètres Ouest d'El-Haouria et près du rivage se trouvent les immenses carrières désignées par les indigènes sous le nom de Rhar-el-Kébir (la Grande Caverne).

Elles sont constituées par un ensemble de gigantesques excavations qui s'étendent sous un plateau rocheux, percé de distance en distance par des espèces de puits qui laissent pénétrer l'air et la lumière dans de magnifiques salles souterraines. Ces salles, au nombre de dix-huit, affectent différentes formes : les unes sont rondes, les autres elliptiques ; celles-ci carrées, celles-là polygonales. Creusées dans des proportions colossales, et soutenues par intervalle au moyen d'énormes piliers ménagés à dessein dans l'épaisseur du roc, elles communiquent les unes aux autres, et sont, chacune, éclairées à leur centre par un regard en forme d'entonnoir afin de permettre aux rayons lumineux de descendre s'épanouir au fond de ces sombres et mystérieuses galeries, dont les seuls habitants sont une prodigieuse quantité de chauves-souris.

Les carrières d'El-Haouria remontent incontestablement aux Phéniciens. Peut-être même leur sont-elles antérieures. Ce qui paraît certain, et constaté par l'examen des pierres trouvées à Carthage et à Utique, c'est que les constructions de ces deux plus belles et plus vastes villes du monde ancien sont sorties de ces carrières. Les blocs extraits de ces cavernes et des autres carrières à ciel ouvert qui s'étendaient jusqu'au rivage étaient transportés par mer vers ces deux cités.

KELIBIA.

Cette ville, située à l'un des angles du parallélogramme formé par la péninsule, est en plein levant. Elle est presque entièrement détruite. Elle s'étendait du pied d'une colline jusqu'au bord de la mer.

L'intérieur de la citadelle (Bordj-Kelibia) est rempli de décombres. Ses murs d'enceinte sont écroulés ou démolis. La cour que délimite cette enceinte est pavée avec de larges dalles qui recouvrent de belles et profondes citernes, divisées en plusieurs compartiments soutenus par des piliers. Elles sont remplies d'eau; mais cette eau, polluée par les innombrables chauves-souris qui ont envahi les voûtes de ces réservoirs, n'est plus potable.

Les matériaux de la citadelle ont été transportés pierre à pierre à Kelibia par les habitants qui avaient des constructions à faire.

La ville primitive doit avoir été d'origine phénicienne ou carthaginoise. La position en était trop heureuse pour n'avoir pas été remarquée et mise à profit pour un comptoir maritime.

Agathocle (309 ans avant J.-C.) l'entoura de fortes murailles et lui donna le nom d'ASPIS, nom qui fut traduit par les historiens romains par celui de *Clupea* ou *Clypea* quand les flottes romaines s'en emparèrent, an 256 avant J.-C.

Les consuls Calpurnius Pison et Lucius Macinius (148 ans avant J.-C.) l'assiégèrent en vain par terre et par mer.

Pline dit que sous les empereurs, elle était ville libre.

El-Bekri nous apprend qu'elle fut la dernière ville occupée en Afrique par les chrétiens. Son nom, qui signifie *bouclier*, demeura vrai jusqu'à la fin.

KOURBA

Kourba, autrefois Curïbi, sur la côte Est de la presqu'île du cap Bon, à seize ou dix-huit lieues de Tunis, est une petite ville de deux mille habitants. Elle occupe une colline en partie rocheuse à un quart de lieue de la mer, dont elle est séparée par des jardins et par une sebkha (marais) que les chaleurs de l'été dessèchent.

Plusieurs citernes et un puits antique sont, avec les ruines d'un aqueduc, les seuls restes de la ville ancienne à laquelle elle a succédé.

Cet aqueduc est aux trois quarts détruit; néanmoins on peut encore en suivre la trace pendant plusieurs kilomètres. Le conduit dans lequel l'eau arrivait mesurait trente-cinq centimètres de large sur vingt-deux centimètres de profondeur. Une inscription découverte par M. Victor Guérin indique que L. Pomponius, affranchi du personnage de même nom et décemvir quinquennal, avait fait entourer la ville d'un mur construit en pierres de taille. De cette enceinte il ne reste aucun vestige.

Quant au port qui existait jadis à l'embouchure de l'Oued, et au hâvre qui depuis est devenu un marais, le sable les a envahis totalement.

NEBEUL ou NABEL

Nabel, sur la côte Sud de la presqu'île (Neapolis).

L'ancienne ville, située sur les bords de la mer, a été détruite lors de l'invasion arabe et ensuite rebâtie à deux kilomètres des côtes.

La ville moderne a un développement assez considérable.

L'étendue de terrain qu'elle occupe pourrait, au premier aspect, faire croire qu'elle renferme une population d'au moins dix mille habitants, et à peine si elle en compte cinq mille. Un grand nombre de maisons sont en effet détruites et attestent la décadence de cette ville.

Elle possède six mosquées, plusieurs zaouias, des bazars voûtés et une grande place entourée de cafés.

Les matériaux artistiques que l'on rencontre dans la plupart de ses constructions indique clairement qu'elle a été construite avec les débris de la ville (Neapolis) à laquelle elle a succédé.

La grande quantité de fragments de poterie
que l'on rencontre sur l'emplacement de la ville
antique prouve qu'à Neapolis, comme dans la
ville moderne de Nabel, la poterie était l'un des
principaux éléments de commerce. Cette industrie y est encore extrêmement florissante. On y
fabrique également de belles étoffes de laine et
des couvertures très-estimées.

Les jardins environnants abondent en fruits
de toutes sortes. On y cultive aussi des jasmins
et des roses.

L'air qu'on y respire est particulièrement re-
nommé pour sa pureté et sa douceur. Il serait,
plus qu'aucun autre de la Tunisie, favorable
aux maladies de poitrine.

HAMMAM-KORBÈS

Ancienne *Carpis*, d'après Ptolémée, *Carpi*,
selon Pline.

Si nous n'avons pas parlé en son lieu de
cette localité, c'est que nous n'avons pu, avec
toute la bonne volonté imaginable la trouver

sur la carte officielle de notre ministère de la guerre.

Selon toute apparence, nous pouvons en fixer la situation sur la rive Ouest du golfe de Tunis, exactement en face de Carthage, et à une distance par mer, en ligne droite, de cinq lieues environ.

Cependant, les renseignements que donne sur cet établissement thermal M. Victor Guérin, qui l'a visité, ne permettent pas de le passer sous silence.

Hammam-Korbès, qui tire son nom de la montagne (Djebel-Korbès), dans un escarpement de laquelle il est situé, est un village d'une centaine de maisons bâties dans une gorge à peu de distance de la mer.

La ville que le village a remplacée ne pouvait guère avoir plus du double d'étendue que celui-ci, la nature du terrain s'opposant à un plus grand développement.

Elle avait un port qui permettait d'établir entre elle et Carthage des relations suivies, promptes et commodes; la distance qui l'en séparait était beaucoup plus courte par mer que par terre.

Encore aujourd'hui, les Tunisiens qui vont

y prendre les eaux, préfèrent aller s'embarquer
à La Goulette que de faire le long détour auquel
on est forcément astreint par la route. de terre
et à cause des flancs escarpés du Djebel-Korbès,
que les chameaux et les mulets ont peine à traverser.

Plusieurs sources d'eaux extrêmement chaudes sourdent en ce lieu; elles alimentent plusieurs bassins très-mal entretenus.

Elles étaient connues et exploitées dès la plus
haute antiquité. Ce sont de beaucoup les eaux
les plus chaudes de la Régence, et, sous ce rapport, elles n'ont d'égales dans tout le Nord de
l'Afrique que celles de *Hammam-Meskoutin,* en
Algérie (*aquæ Thibilitanæ* des anciens).

On les emploie aussi comme boisson.

Dans les deux cas, il faut les laisser refroidir
au moins six ou sept heures avant de s'en servir, tant leur température est élevée.

Elles passent pour contenir une forte dose
d'alumine, et sont d'une énergie bien plus puissante, surtout pour les maladies cutanées, que
celles de Hammam-el-Lif. (El-Hamet).

En Europe, de pareilles sources feraient la
fortune de la contrée qui les posséderait.

Les habitants actuels d'Hammam-Korbès, au

nombre d'environ quatre cent cinquante, sont tous musulmans, d'une ignorance crasse, d'une superstition stupide et d'une paresse de mollusques.

LITTORAL EST

<div style="text-align:center">~~~~~~</div>

HAMMAMET-NABEL.

Bâtie sur les ruines de l'ancien Pudput, sur la pointe d'un petit isthme bas et étroit, cette ville est entourée d'une enceinte de murs qui forme un parallélogramme presque régulier.

Elle est située à dix-sept lieues de Tunis; sa fondation, suivant Léon l'Africain, ne remonte qu'au seizième siècle. Marmol lui assigne aussi cette date.

Ses rues sont désertes et silencieuses, partout règne une solitude de nécropole. Ses rares habitants, accroupis à l'ombre dans quelques cafés, passent leur vie à fumer sans avoir aucunement conscience du temps qui passe.

Ses jardins autrefois renommés, bien entretenus, et très-productifs, sont maintenant à peine cultivés, faute de bras, et presque abandonnés.

Hammamet a donné son nom au large golfe qui commence à cet endroit et se termine à vingt lieues de là, à la pointe de Monastir.

Aux environs d'Hammamet, on retrouve les vestiges d'un aqueduc qui conduisait jadis les eaux de l'Aïn-el-Faouera aux deux villes de Pudput et de Siagis. Le canal voûté de cet aqueduc était large de soixante-dix centimètres et profond de un mètre vingt-cinq centimètres. Suivant les ondulations du terrain, tantôt il s'enfonçait dans le sol, tantôt il surgissait sur des arcades assez élevées.

KASR-EL-MENARA.

Kasr-el-Menara (le Château du Phare) est une construction de forme circulaire, très-élevée et édifiée avec de grosses pierres carrées.

Ibrahim-el-Ar'leb, onzième prince Ar'labite, (881-909), après avoir fondé Rak'ada, près de Kaïrouan (883), comprimé plusieurs révoltes et envahi la Sicile, établit un vaste système télégraphique au moyen duquel il était, en peu de temps, informé de tous les faits importants qui pouvaient surgir sur un point quelconque de son immense territoire, et pouvait ainsi transmettre ses ordres. Il avait fait construire tout le long du littoral de l'Ifrikia, depuis la frontière d'Égypte (Alexandrie) jusqu'au détroit de Ceuta (Gibraltar), plusieurs milliers de tours (Menara) au sommet desquelles des feux allumés pendant la nuit, servaient à la fois de phares pour les navires qui se trouvaient en vue des côtes, et de télégraphes au moyen d'occultations calculées. Ces tours-observatoires servaient en outre de vigilantes sentinelles en cas de débarquement d'un ennemi.

Kasr-el-Menara se trouve sur la route de Tunis à Sousa, à moitié chemin à peu près, à treize lieues de Tunis, à quatorze de Sousa, à une lieue et demie d'Hammamet.

Le phare de Carthage à Tunis est dû aussi à ce même Ibrahim-el-Ar'leb. Il date donc de près de mille ans.

Un autre château construit par ce prince, le plus remarquable de tous par ses proportions et sa construction architecturale, mais qui tombe malheureusement en ruines depuis longtemps, est le château El-Mudefoun (l'Enseveli). Ce nom lui fut donné à cause des broussailles, qui, dès l'époque de sa décadence, l'envahirent spontanément en si prodigieuse quantité depuis sa base jusqu'à sa cîme la plus élevée, qu'il en paraissait comme enseveli.

AHRIK'LIA ou HERGUELA ou HERK'LA

Anciennement *Horrea Cœlia*, porte les trois noms que nous venons d'inscrire, selon que la prononciation a frappé plus ou moins juste l'oreille des voyageurs ou géographes.

C'est un grand village bâti sur une colline qui domine la mer et dont les habitants se prétendent d'origine arabe pure et sans mélange.

Il se trouve à neuf lieues d'Hammamet, au centre du golfe.

SOUSA, SOUÇA ou SOUSSA.

Grande ville, à trente-quatre lieues de Tunis, bâtie en amphithéâtre sur une colline au bord de la mer, entourée d'un rempart solidement construit, dominée par une citadelle

(Kasbah) qui elle-même est dominée par une tour (el-Nadour, l'Observatoire) d'où l'on découvre fort loin en mer ; on y trouve des ruines de constructions fort anciennes.

Sousa possède un fort bon port. Elle a une garnison tunisienne et elle est la résidence d'un consul français.

C'est à Sousa que se fabriquent les fines étoffes pour vêtements appelées *soussia*.

Approximativement, la population de cette ville peut être évaluée de huit à neuf mille habitants dont mille juifs, et six cents chrétiens, parmi lesquels soixante Français.

Les musulmans habitent la ville haute ; les juifs et les chrétiens ne peuvent demeurer que dans la basse ville.

Son principal commerce est l'exportation des huiles à savon et se chiffre annuellement par six millions de francs.

Il y existe des citernes à huile, comme ailleurs il y a des citernes à eau.

Tous ses environs sont couverts de forêts d'oliviers.

Une singularité des mœurs des habitants de Sousa qui ne donne pas une preuve de grande intelligence, c'est la coutume qu'ils ont de laisser les fous en liberté et de les respecter au point que le viol même leur est toléré, mieux encore, permis, et ils ne s'en privent pas ; au besoin même, quand la passion les emporte, ils simulent la folie. Les femmes qui ont subi l'outrage d'un fou s'en vantent et s'en glorifient comme si elles avaient reçu une faveur providentielle ; les maris s'inclinent ; c'est l'usage.

MONESTIR.

Cette ville est ainsi nommée parce que, avant la conquête arabe, il s'y trouvait un vaste monastère chrétien.

Son nom se prononce Menestîr et aussi Mistîr.

Elle est une des rares villes d'Afrique qui se distingue par la largeur de ses rues et la solidité de ses maisons. Sa population peut être évaluée à dix mille habitants. Du côté de la mer on remarque une haute tour qui s'élève dans une citadelle défendue par plusieurs batteries de canons.

« Selon Mohammed-ibn-Youcof, dit El-Bekri, le château de Monestîr, bâti vers 180 de l'hégire, (dernières années du huitième siècle), est une vaste forteresse très-élevée, et renfermant un faubourg considérable. Au centre de ce faubourg se trouve une deuxième forteresse très-grande et remplie de logements, de mosquées et de châteaux à plusieurs étages. Au midi de ce fort on remarque une grande place ornée de hauts pavillons solidement bâtis autour desquels viennent s'établir les femmes qui veulent s'adonner à la dévotion. El-Monestîr renferme un djamê (une chapelle) bâti d'une manière très-solide. Il se compose de voûtes et d'arcades dans la construction desquelles on n'a pas fait entrer le moindre morceau de bois. On trouve aussi dans cette place forte un grand nombre de bains. »

MAHDIA, MAHEDIA ou MEHDIYA

(ANCIENNE APHRODISIUM).

Cette ville a quatre kilomètres de tour. L'isthme qui la rattache au continent a environ sept cents mètres de large. Il était autrefois coupé par un canal qui faisait communiquer les deux baies du Nord et du Sud de ce cap, appelé cap Africa.

La ville se trouve donc environnée de tous côtés par la mer, excepté du côté de l'Occident.

L'époque de sa plus grande prospérité date des premiers temps de sa fondation (commencement du sixième siècle). Les auteurs arabes la citaient comme une merveille.

El-Bekri (onzième siècle) dit qu'elle fut le siége de l'empire Fatémide (ou Fatimite) jusqu'au milieu du dixième siècle; que son port, pouvant contenir trente vaisseaux, avait été, dans les temps antiques, creusé par les Phéniciens dans le roc vif.

Aujourd'hui ce port est à sec et comblé par les sables, mais il serait très-aisé de le déblayer.

Un siècle après El-Bekri, Edrisi écrivait que Mahdia avait été longtemps le port et l'entrepôt de Kaïrouan (vingt lieues les séparent); que, à Mahdia, il n'y avait pas de cimetière, et que les habitants allaient, à cette époque, par mer ensevelir leurs morts à Monestîr.

Mahdia, jadis si importante et si vantée par les écrivains arabes, est aujourd'hui bien déchue de son ancienne splendeur.

Sa Kasbah, située sur le point culminant du cap, est dans un état de dégradation complète;

quelques canons rouillés y restent abandonnés sur des affûts pourris.

Les belles et épaisses murailles de la ville offrent partout des brèches ; les tours n'ont plus de crénaux et beaucoup sont fendues jusqu'à la base. Nombre de maisons tombent de vétusté : partout, en un mot, l'image de la ruine lente et implacable, que l'incurie arabe n'essaie même pas d'arrêter.

Le nombre de ses habitants actuels ne dépasse pas trois mille cinq cents. Le vaste faubourg entouré de murailles qui tenait à la ville par le côté Ouest et qui avait nom *Zouila*, est entièrement détruit ; il n'en reste pas de traces.

Mahdia fut conquise par les Siciliens en 1147 ;

Elle fut reprise par les Musulmans vers 1160 ;

Assiégée vainement par le duc de Bourbon avec une flotte de Génois et de Français, en 1390 ;

Elle résiste à Pierre de Navarre, en 1519 ;

En 1551, après des assauts réitérés, elle tombe au pouvoir des Espagnols qui en réparent les fortifications. Mais forcés de la quitter, ils la démantellent.

A peu de distance de Mahdia, se trouve l'ouverture d'un souterrain en partie comblé et que les habitants prétendent être d'un immense développement. Ce serait l'issue du fameux souterrain d'El-Djem dont nous parlerons plus au long en son lieu et place. Ce souterrain aurait onze lieues de parcours.

MAHRÈS ou MAHARESS.

Bourg proche la mer, — sept cents habitants, — autrefois très-peuplé, — avec une ancienne forteresse d'origine sarrasine, en partie démolie ; — beaucoup de maisons détruites ou abandonnées. Aux environs, solitude désolée, plus de culture, steppes remplis d'herbes et de joncs (alfa) avec lesquels les habitants fabriquent de la sparterie, de la vannerie et des nattes (à huit lieues Sud-Ouest de Sfax).

SFAX ou SFAKS.

Une des échelles les plus importantes de la Régence.

El-Bekri écrivait en 1046 : « Sfax est entouré d'une belle forêt de dattiers. » Puis il vante ses monuments, ses bazars, son commerce, ses tissus de laine, le nombre, la richesse et l'industrie de ses habitants. « L'huile qu'on y frabrique, ajoute-t-il, est exportée en Égypte, au Maghreb, en Sicile et en Roumanie (Europe). Quelquefois on peut en acheter quarante *arrobes* (mesure de Cordoue) pour un *mithcal.* »(*Arrobe,* ou er-robâ, *le quart* ou vingt-cinq livres, formait le quart du *kintar* ou quintal. Le *mithcal* ou *dinar* d'or valait 10 francs.)

Sfax a beaucoup perdu depuis cette époque; toutefois elle est loin d'être abandonnée. Son heureuse position, la fertilité de son sol, la splendeur de ses jardins, l'abondance de la pêche de poissons et d'éponges, ses rapports continuels avec Gafia, qui la met en communication avec les oasis du Djerid; toutes ces causes font que Sfax est moins en décadence que la plupart des autres villes de la Tunisie, et qu'elle est demeurée une des plus peuplées.

Cependant il lui manque une culture mieux entendue de son territoire et une administration meilleure.

Elle se divise en ville haute et ville basse; elle est entourée de remparts et entretient une garnison tunisienne de huit cents hommes. Ses fortifications sont en assez bon état, et son mouillage est très sûr, étant abrité par les îles Kerkenni.

La ville haute est habitée par sept mille musulmans ; la ville basse par treize cents juifs et sept cents chrétiens.

Les huiles et les éponges sont le principal commerce de cette ville.

Le flux et le reflux sont très sensibles à Sfax ; la différence de niveau est de 1^{m}50 ; aux équinoxes, elle est de 2,60.

Il n'y existe pas de fontaines publiques ; mais chaque maison, chaque édifice a sa citerne particulière. Hors des remparts se trouvent deux immenses citernes appelées Feskias.

Près des remparts se voit un vaste emplacement entouré de murs appelé *Nasriah* (le Secours), contenant plusieurs centaines de citernes distinctes (360), fondées et entretenues par des legs pieux.

OASIS DE GABÈS.

Cette oasis est un des plus merveilleux pays que l'imagination la plus osée puisse rêver.

Si nous consultons les écrivains arabes, d'après El-Bekri (1050), Gabès est une grande ville ceinte de murailles de grosses pierres et de construction antique. Elle possède une forte citadelle, plusieurs faubourgs, des bazars très riches et de nombreux caravansérails, un djamê magnifique et une grande quantité de bains. Le tout est entouré d'un large fossé qu'on peut inonder et rendre infranchissable. Sa population se compose d'Arabes et d'*Afarecs* (indigènes de l'Ifrikia).

Edrisi, un siècle plus tard (vers le milieu du douzième siècle), disait de Gabès : « Grande ville bien peuplée, munie de murs très-solides et entourée de fossés. »

Et-Tidjani, en 1306, la décrivait ainsi : « Je vis au Gabès une grande et belle ville. Son magnifique point de vue et la teinte verte de ses arbres *rappellent* le paradis éternel. Un bois l'entoure de toutes parts ; on y voit de nombreux palais et une foule de dattiers régulièrement et agréablement rangés. Certes, c'est avec raison qu'on a dit de Gabès que c'était le paradis de la terre et la petite Damas. C'est une ville maritime et *saharienne* à la fois, car le Sahara lui est attenant (deux ou trois lieues

par une langue de sable qui se prolonge en s'élargissant jusqu'à sept lieues de là, où le Sahara développe son immensité), et la mer n'en est qu'à trois milles seulement. Un rempart construit avec de grosses pierres, et dû aux anciens, entoure la ville, qui possède de vastes faubourgs où se trouvent ses plus beaux marchés..........
La peste sévit fréquemment à Gabès, et les habitants y sont, en outre, exposés à de nombreuses maladies. D'après eux, la cause en est due à la grande quantité de lauriers-roses qui y croissent. Les eaux, en arrosant ces arbres, en conservent un principe vénéneux et une certaine amertume qui nuit considérablement à la santé de ses habitants. C'est à cause de cela qu'on leur voit à presque tous le visage jaune.

(Et-Tidjani doit se tromper sur ce point; une foule d'endroits, et presque tous les cours d'eau en Tunisie, du Nord au Sud, de l'Est à l'Ouest, sont couverts de lauriers-roses qui y foisonnent, et nulle part ailleurs l'eau qui baigne leurs racines n'est réputée avoir d'influence pernicieuse sur la santé des populations.)

« De toutes ces eaux, il n'y a que celles de la source appelée Aïn-el-Emir et celle appelée Aïn-Selam qui soient exemptes de ces mauvais principes, parce que dans leur parcours elles ne baignent point de lauriers-roses.

« Il est de notoriété publique,— continue Et-Tidjani,— que les habitants de Gabès font commerce de leurs excréments; ils en font l'aveu, et disent que si leurs dattiers donnent de si abondantes récoltes, ils le doivent à cet engrais.

« Les femmes y sont fort belles, le pays tout entier est ouvragé par une riche et épaisse végétation alimentée par des eaux courantes, en un mot, c'est un pays merveilleux, mais.... mais la terre y est insalubre... et on y voit un nombre prodigieux de scorpions. »

Léon l'Africain (seizième siècle), disait aussi : « De hautes et épaisses murailles entourent la ville. »

Aujourd'hui :

Aujourd'hui ces remparts n'existent plus, et, au lieu d'être une cité unique, comprise dans une seule enceinte, Gabès est composée de deux bourgs et de plusieurs villages ayant chacun un nom distinct, et réunis sous la désignation collective de Gabès.

Les bourgs sont Djara et Menzel.

La population entière de l'Oasis peut compter 10,000 habitants.

A droite et à gauche de l'Oued-Gabès s'étendent une longue suite de vergers d'une incomparable fertilité.

Cet Oued se divise en deux bras qui eux-mêmes sont divisés en plusieurs canaux qui alimentent une grande quantité de rigoles, entretenant partout une délicieuse fraîcheur et une admirable fécondité ; car il ne pleut presque jamais à Gabès.

Les jardins sont séparés par des haies de cactus ou par des petits murs en terre hérissés de branches de palmiers. Chaque jardin est partagé en un grand nombre de compartiments autour desquels circulent, à certaines heures et en vertu de conventions récriproques entre voisins, de vivifiants ruisseaux. Dans ces compartiments croissent le blé, l'orge, les légumes.

A l'entour sont plantés des figuiers, des amandiers, des citronniers, des grenadiers, des orangers ; et, dominant ces arbres, s'élancent vers le ciel les panaches verdoyants des gigantesques dattiers.

Ce ne sont partout que vergers enchanteurs ou enchantés, et qui produiraient au centuple, si leurs cultivateurs avaient plus de volonté, d'intelligence et d'énergie.

Du temps d'El-Bekri, Gabès produisait toutes sortes de fruits, et approvisionnait Kaïrouan. Il y avait de nombreux mûriers qui nourrissaient plus de vers-à-soie que ceux des autres pays; la soie aussi y était d'une finesse incomparable; la canne à sucre y croissait en abondance, etc., etc.

Actuellement on n'y trouve plus de bananes, la canne à sucre à disparu; et la soie s'y trouve dans une période de décroissance que l'on attribue à l'impôt.

La vigne est un des plus importants produits de Gabès. Les ceps s'enroulent autour des palmiers et, les enlaçant, les relient entre eux par des festons de verdure et de fruits.

Le Koran interdisant le vin, les musulmans se rattrappent sur le raisin.

La garance est aussi un des produits du pays, ainsi que le henneh, dont les feuilles pilées et réduites en pâte produisent une riche couleur jaune-orange employée dans la teinture des étoffes, et avec laquelle les femmes juives et musulmanes se teignent les ongles des pieds et des mains.

Au milieu de cette magnificence de végétation et de ce luxueux épanouissement de la nature, l'imagination ne parvient même point à se rassasier ; il semble que l'on voudrait y être né, y vivre toujours, et ne mourir ni ne vieillir jamais.

KETANA.

Les auteurs arabes nous renseignent seuls sur cette ville. C'est, ou plutôt c'était (car elle a dû subir les influences désastreuses de toutes les autres villes), une petite bourgade entourée d'arbres qui lui donnaient un aspect charmant, à la faire prendre pour un jardin couvert de verdure. Les oliviers y dominent (1306), ils y ont été plantés à l'époque où Abou-Zakaria commandait dans Gabès.

Ketana possède un château dans lequel s'assemblent les habitants de la localité. On y voit une source jaillissante d'eau douce, qui se répand dans un vaste bassin attenant au rempart du château. De ce bassin l'eau s'écoule en une multitude de petits ruisseaux qui sillonnent le bois et y répandent leur bienfaisante fraîcheur.

A partir de ce bourg, on entre sur les terres des Berbères *kharedjites* (hérétiques), auxquels nul moyen illicite ne répugne pour répandre le sang d'un musulman ou pour s'emparer de ses biens. (Nous sommes toujours au quatorzième siècle.) Cette secte est dominante chez les populations établies entre Gabès et Tripoli, entre la côte et le désert. En vendant aux chrétiens les musulmans qu'ils parviennent à enlever, ils accomplissent, selon leur rite, une œuvre pie et méritoire.

(La haine des Berbères contre les Arabes ne s'est jamais éteinte un instant, elle durera probablement toujours.)

EL-ZARAT.

Petit bourg assez riche en dattiers.

Il possède une source d'eau chaude qui s'écoule dans un grand et profond bassin près de la source même.

Et-Tidjani ne fait aucune allusion aux propriétés médicinales de cette source.

Une source d'eau chaude dans un pays où il fait déjà une chaleur torride doit y sembler une superfluité.

Ici se termine la série des villes du littoral, à l'extrémité du golfe de Gabès. Il est certain qu'il se trouve encore quelques villes et bourgades appartenant à la Régence de Tunis, jusqu'au territoire de Tripoli ; mais le défaut complet de renseignements nous oblige à nous arrêter à cette limite qui, d'ailleurs, n'est pas éloignée de la frontière.

LES ILES

ILES KERKENNAH ou KERKENNI

Anciennes *Cercina* et *Cercinitis* des Romains, aujourd'hui Charki (l'orientale) et Gharbi (l'occidentale).

Charki a vingt-cinq kilomètres de long sur une largeur très-variable à cause de la forme bizarre du découpage de ses côtes. Elle est entourée d'une dizaine d'îlots.

Gharbi, de forme elliptique, a environ douze kilomètres sur quatre à six de large.

Elles comportent ensemble une population d'environ trois mille habitants, cultivateurs, bergers, pêcheurs et marins répartis dans neuf villages.

Un canal de quatre à cinq mètres de profondeur, parsemé de rochers dangereux à cause du courant très-rapide qui y règne, les sépare.

Jadis, un pont de mille mètres de long, anté-
rieur aux Romains, les reliait; il est aujour-
d'hui complétement détruit.

Et-Tidjani écrivait en 1306 : « Kerkennah (les
deux îles ne formant qu'une seule île à cause
du pont), est très-peuplée. Elle est aujourd'hui
au pouvoir des chrétiens qui y commandent en
maîtres. (Ces îles, en effet, avaient été prises par
les Siciliens, ainsi que l'île de Gerba, dont nous
parlerons tout à l'heure, dès l'année 1284). Elle
n'a ni villes, ni villages, ni habitations construites; les habitants logent dans des huttes. »

Les îles Kerkénni sont à huit lieues à l'Est de
Sfax (ou Sfaks), d'où on les aperçoit quand le
temps est bien clair et l'horizon très-pur. Elles
sont élevées au-dessus de la mer. Elles produisent de l'huile d'olives et des céréales, et offrent
aux habitants une abondante pêche de poulpes
(pieuvres) et d'éponges.

C'est dans cette population que se recrute la
majeure partie des hommes de la marine du
Bey de Tunis.

Les îles Kerkenni relèvent de l'autorité militaire de Sfaks et servent de lieu de déportation pour les femmes de mauvaise vie, musulmanes et juives.

DJERBA ou GERBA.

Iles des anciens Lotophages, — appelée *Meninx*, — nommée aussi *Brachion*, à cause des bas-fonds et des bancs de sable qui l'entourent.

Au troisième siècle, elle porta le nom de Girba.

Son sol est plat, sauf quelques collines qui en rompent l'uniformité. Il ne s'y trouve pas de cours d'eau permanents ; quelques-uns s'y montrent cependant à l'époque des pluies. De tous côtés des puits trouent la terre, et la fertilité y devient extrême par l'arrosage.

L'île de Gerba mesure à peu près vingt-huit lieues de tour. Elle se trouve à quinze lieues de Gabès par mer, vingt lieues par voie de terre, et à la même distance Sud des îles Kerkenni.

Elle est séparée de la terre-ferme par un canal de trois kilomètres à sa partie Sud-Ouest et par un autre canal de six kilomètres à son point Sud-Est. Entre ces deux canaux se trouve un bassin de six lieues en tous sens qui forme golfe dans l'intérieur du continent.

Voici la description que fait de cette île Edrisi,

autrement nommé El-Scherif (seconde partie du douzième siècle), dans l'ouvrage sur l'Ifrikia qu'il composa pour le roi Roger (de Sicile) :

« Gerba est une île importante ; sa renommée remonte aux temps les plus anciens. Son sol est très-fertile ; on y fait de grandes cultures, et l'eau qu'on y trouve est douce. Les espèces d'arbres fruitiers qui y dominent sont le dattier, l'olivier, la vigne et le figuier. Les produits de ces arbres sont la principale richesse du pays. Nulle part au monde on ne trouve de pommiers semblables à ceux de Gerba, quant à la beauté des fruits, la bonté du goût et la délicatesse du parfum. On en sent l'odeur agréable à plusieurs milles de distance. Cet arbre était autrefois très-abondant dans l'île ; mais aujourd'hui il est beaucoup plus rare. La cause en est due à ce que les chrétiens avaient pour coutume d'offrir en présents à leurs autorités les fruits de ces pommiers, sans en indemniser les propriétaires. C'est alors que ces derniers détruisirent en grande partie ces plantations de pommiers pour les remplacer par une autre espèce d'arbres dont le rapport fût plus productif pour eux.

« Cette île est renommée aussi entre les autres pays pour la qualité supérieure des laines
que produisent ses nombreux troupeaux. Nulle
part en Afrique on n'en trouve de plus belle
pour le tissage des riches étoffes à vêtements.

(Aujourd'hui encore les laines de Gerba sont
les plus renommées de la Régence de Tunis
pour leur finesse et leur beauté.)

« Presque toutes les demeures des habitants
de Gerba consistent en huttes faites avec des
branches de palmiers. Chaque habitant propriétaire en construit ainsi deux ou trois sur son
terrain et y habite avec sa famille. On n'y voit
que peu d'habitations construites en pierres. »

Il existe aujourd'hui dans l'île cinq principaux centres de population. Le reste du territoire est presque comme un immense village.
Comme du temps d'Edrisi, la terre est divisée
par enclos; les habitants vivent sur le sol qu'ils
cultivent et y ont leur demeure.

Sa population peut s'élever à quarante mille
habitants, presque tous d'origine berbère, et
musulmans schismatiques (kharedjites).

Jadis les Gerbiens étaient très-réputés à
cause de leurs pirateries; ils jouissent aujour-

d'hui d'une meilleure réputation. Ils sont ou cultivateurs, ou tisserands, ou marins, ou pêcheurs.

Cette île, beaucoup mieux et plus rationnellement cultivée que ne le sont la plupart des terres en Tunisie, possède les plus beaux oliviers de la Régence. Quelques-uns ont atteint des proportions colossales. L'huile qu'on en extrait est plus estimée que celle de Sousa et de Sfax. Le lotos (jujubier) y abonde toujours. La vigne y est cultivée. Les Européens et les Juifs en tirent un vin jaune doré qui ressemble au vin de Santorin, ou de Samos.

Les tisserands fabriquent ces couvertures en laine, en coton et en soie, pour lesquelles ils n'ont point de rivaux dans la Régence.

Déjà autrefois, au dire de Pline, ses tentures de pourpre rivalisaient avec celles de Tyr.

Quoique moins florissante aujourd'hui, cette industrie peut compter comme une des richesses de l'île.

La pêche consiste en éponges, poulpes et poissons. Ces derniers sont en partie consommés dans l'île, et partie salés et exportés.

Les arbres sont des oliviers, des amandiers, des figuiers, des grenadiers, des abricotiers, des pommiers, des cognassiers, tous entrelacés et reliés par les pampres des vignes, ainsi que de hauts palmiers.

A Houm-Souk, dans le cimetière catholique, s'élève une colonne à l'endroit où ont été enterrées les têtes des malheureux Espagnols avec lesquelles avait été construite la fameuse tour Bordj-Rious (Tour des Têtes). Elle existait encore en 1845.

Elle fut détruite à cette époque par le gouvernement tunisien à la demande de Monseigneur Sutter.

Les habitants voulurent d'abord s'opposer à la démolition de ce monument d'une barbarie d'un autre siècle, parce qu'elle rappelait à leur souvenir une victoire remportée par eux sur les Espagnols le long de cette plage, en 1560, mais le bey tint fidèlement sa promesse.

Dans les cinq centres de populations dont nous avons parlé, le hara des juifs, — ghetto où ils habitent à part et séparés des autres quartiers, — est, comme partout, le plus sale de tous, suivant l'habitude des Israélites qui, dans les pays mahométans affectent les dehors de la plus grande misère, afin de ne pas trop exciter la cupidité de leurs maîtres.

Depuis longtemps cependant, cette ignoble comédie ne convainct personne.

A Gerba, au reflux, la mer baisse de trois mètres; — ce qui n'empêche pas tous les livres de géographie de France d'imprimer que les marées ne sont pas sensibles dans la Méditerranée.

LE DJEBEL TAKROUNA.

Cette montagne, haute d'environ 230 mètres, aux flancs rocheux et escarpés, hérissés en outre de buissons de cactus épineux, est couronnée par un village d'une cinquantaine de maisons.

Au bas du mont, au milieu de ruines antiques qui émaillent la vallée, se trouve un ancien puits. C'est à ce puits que, chaque jour, les femmes de Takrouna se rendent, — car le village manque entièrement d'eau, — pour y remplir leurs outres et leurs cruches, qu'elles rapportent ensuite en gravissant péniblement les rampes fort rudes de la montagne dont elles habitent le sommet.

De ce point élevé le regard embrasse un horizon aussi varié qu'étendu ; au Nord-Ouest, le Zaghouan avec ses puissants contreforts et ses cîmes altières ; au Nord-Est et à l'Est, Hammamet et son golfe ; au Sud-Sud-Ouest, Kaïrouan ; au Sud-Sud-Est, Souza et Monestîr ; ainsi qu'une foule d'autres localités plus proches, et même plus éloignées, c'est-à-dire à plus de quinze lieues à la ronde.

LE DJEBEL DJOUGAR.

Les massifs des monts Djougar se dressent à quatre lieues Sud-Sud-Ouest du Zaghouan, dont nous avons dès le début de notre récit gravi la cîme pour nous topographier dans l'esprit l'aspect géographique de la moitié Nord du territoire de la Régence.

C'est sur ce mont que prend naissance la source de l'eau la plus saine et la plus pure de toute la Régence, source que venait recueillir par un embranchement partant de la source du Zaghouan le fameux aqueduc de Carthage, qui avait ainsi une étendue de près de vingt lieues.

Cette source est enfermée dans une enceinte rectangulaire dont les assises inférieures sont construites avec de gros blocs, et qui mesure vingt-quatre mètres dix centimètres de long, sur dix-neuf mètres soixante centimètres de large.

Deux des façades de cette enceinte sont revêtues extérieurement de broussailles vives inextricables ; la troisième est presque entièrement cachée par un gigantesque caroubier ; la quatrième est ouverte.

En pénétrant par cette ouverture dans l'intérieur de l'enceinte, on remarque qu'elle contient deux bassins, l'un carré et mesurant neuf mètres trente centimètres, l'autre de moindre dimension qui reçoit par trois pertuis l'eau de la source.

Cette eau s'écoule de ce dernier bassin dans le premier et de là se répand maintenant à travers des plantations d'oliviers.

Jadis, elle coulait dans le canal que l'on est actuellement en train de réparer (pour conduire cette source à Tunis), et qui, après avoir traversé le territoire de Bent-Saïdan (ou Beni-Saïda), où elle prend naissance, va rejoindre en décrivant divers détours l'aqueduc qui commence à Zaghouan.

ZAGHOUAN.

El-Bekri dit que, de son temps, il se nommait également Kebb-ez-Zocac (le Chien du détroit).

« On appelle ainsi cette montagne parce qu'elle se voit de très loin et qu'elle sert aux navigateurs à s'orienter vers les lieux de leur destination. (Elle se trouve à environ dix lieues des côtes.)

« Elle est visible à la distance de plusieurs journées et se montre quelquefois avec sa cîme au-dessus des nuages. Il arrive souvent que ses flancs sont inondés par des averses pendant que son sommet reste à sec.

« Les gens de l'Ifrikia disent d'un homme qui leur est à charge : — Il est plus lourd que le Zaghouan. »

La petite ville de Zaghouan, située sur une colline, au pied septentrionnal de la montagne dont elle porte le nom, est mal construite et mal entretenue, mais sa position est très-agréable.

Ainsi, tandis que les trois quarts des villes de la Tunisie ne sont, pendant l'été, qu'insuffisamment pourvues d'eau. A Zaghouan, au contraire, on entend sans cesse le bruit de frais et limpides ruisseaux qui descendent le long des rues dans d'étroits canaux.

Bâtie sur l'emplacement et avec les matériaux d'une grande cité antique renversée, elle ne renferme plus qu'un seul monument de l'époque romaine, encore debout en partie; c'est un arc-de-triomphe construit avec de belles pierres de taille.

Zaghouan a été construit par une colonie de Maures andalous chassés d'Espagne. Leurs descendants constituent encore la majeure partie de la population qui est actuellement de deux mille cinq cents musulmans et quatre cents juifs.

L'industrie principale de cette ville est la teinture en écarlate des bonnets rouges (*chechias*), qui sont la coiffure de presque tous les mahométans.

Les eaux du Zaghouan sont renommées par la propriété qu'elles ont de fixer solidement et de donner du brillant dans les opérations de teinture. Elles sont aussi excellentes pour la préparation des peaux.

Une autre industrie est celle des tuyaux de pipe en roseaux.

La ville est environnée de délicieux vergers remplis d'arbres fruitiers de toute espèce, cultivés avec soin. Partout circulent des rigoles qui s'échappent d'un ruisseau considérable bordé de touffes de joncs gigantesques.

De superbes peupliers et de vieux noyers épars çà et là au milieu des bosquets odorants de citronniers et d'orangers, font songer à la France au sein même de l'Afrique.

Au-dessus de la source qui jadis alimentait (avec celle du Djougar) l'aqueduc de Carthage, se trouvent encore les ruines d'un temple antique.

Maintenant la source se perd en grande partie, mais bientôt elle coulera de nouveau dans l'aqueduc réparé.

D'après l'opinion généralement admise, cet aqueduc, l'un des travaux les plus grandioses qui aient été exécutés en Afrique, aurait été commencé sous Adrien et terminé sous Septime Sévère (pendant la période du deuxième siècle).

Mais il a été si longtemps de mode d'attribuer aux Romains tout ce qui s'est fait de remarquable, quoique sans preuves positives et sur de simples hypothèses, que nous croyons toute erronée cette supposition.

Les médailles frappées à Carthage à l'effigie de ce dernier empereur et représentant à leur envers Astarté, le génie de Carthage, assise sur un lion courant le long d'une source qui coule d'un rocher, doit tout au plus indiquer que Septime Sévère a fait réparer l'œuvre de Carthage, mise sous la protection d'Astarté et édifiée cinq ou six siècles auparavant.

HENCHIR EL-HAMMAM.

EAUX MINÉRALES ET THERMALES.

A trois heures de marche de la ville de Zaghouan se trouve, dans une gorge âpre et sévère, El-Hammam.

Un oued, dont l'eau est saumâtre, y est bordé de rochers taillés à pic ; là où les rochers cessent existent encore les traces d'une porte en maçonnerie qui l'endiguait.

Les pentes des deux collines qui s'élèvent à droite et à gauche sont couvertes de ruines de diverses constructions romaines étagées les unes au-dessus des autres en amphithéâtre.

Ces ruines abondent principalement sur la

rive droite. On y remarque, entre autres, les vestiges d'un édifice orné jadis d'arcades aujourd'hui aux trois quarts démolies. Plus loin, on rencontre ceux d'un vaste bâtiment voûté, divisé en dix compartiments parallèles.

Un peu plus loin, un bain moderne renferme sous une coupole, un bassin antique construit en belles et fortes pierres taillées.

Ce réservoir, de forme carrée, recueille les eaux d'une source chaude dont la température marque 38°.

Les Maures et les Arabes des environs viennent s'y baigner et y chercher la guérison de plusieurs maladies, notamment celles qui affectent la peau.

Cette source précieuse avait déterminé de temps immémorial la fondation d'un établissement de bains ; la même raison a fait que cet établissement a traversé les âges et qu'il s'est maintenu jusqu'à présent. Il est à croire qu'il reconquerra un jour une partie de sa splendeur passée.

AIN-DJELOULA.

Ruines situées à six lieues environ de Kaïrouan vers l'Ouest.

Une source abondante sourd de terre en plusieurs endroits, au milieu d'un massif épais de lauriers-roses entremêlés de vieux figuiers.

« Cette ville, dit El-Bekri (onzième siècle), renferme des restes de monuments antiques. Un berger y trouva un diadème d'or garni de pierreries ; mais ce bijou lui fut enlevé par Ibn-el-Andaloci..... — Djeloula est une place forte défendue par un château-fort. Construite en blocs de pierre, elle est d'une haute antiquité. Au centre de la ville jaillit une source d'eau vive et aux alentours s'étendent des plantations d'arbres dont une partie donne des fruits.

« Parmi les arbustes à fleurs parfumées dont le sol est couvert, le jasmin surtout est fort abondant, il fournit aux abeilles qui y vont butiner un miel dont l'excellence est passée en proverbe.

« Les habitants font macérer le jasmin dans l'huile de sésame, afin d'en extraire le parfum ;

12

ils traitent de la même manière la rose et la violette.

« La canne à sucre y croît en abondance, etc. »

Aujourd'hui Djeloula est une ruine déserte.

Les beaux et riches jardins décrits par El-Bekri n'existent plus ; les jasmins et les cannes à sucre ont disparu, et de tous les arbres fruitiers qui croissaient en ce lieu, les seuls qui aient survécu sont ceux qui se trouvent mélangés aux taillis de lauriers-roses autour de la source.

DJEBEL-OUSSELAT

L'ancien *Mons Usselatus* à la même distance que Djeloula de Kaïrouan et dans la même direction. C'est une des montagnes les plus élevées de la Régence de Tunis. Sa longueur de l'Est à l'Ouest est de près de quatre lieues, et ses flancs portent un grand nombre de villages dont les populations d'origine berbère sont toujours réputés pour leur esprit turbulent, leur tendance à l'insoumission et leur caractère belliqueux.

KAIROUAN.

Fondée par le conquérant Okbah à l'époque de la première invasion des Arabes dans le Nord-Ouest de l'Afrique, elle a gardé à cause de cette fondation même, aux yeux des fidèles musulmans, un prestige sacré qu'aucune autre ville ne peut lui disputer dans toute l'étendue de la Régence.

Kaïrouan est la métropole du culte, la ville sainte par excellence.

D'après ce que raconte l'historien Novaïri, c'est au milieu d'une forêt inextricable d'une immense étendue qu'elle fut construite.

Aujourd'hui, elle se trouve au milieu d'une vaste plaine marécageuse, véritable désert sans arbres, même sans arbustes.

Cette race d'Arabes n'a jamais su faire autre chose que détruire, piller, voler, assassiner ; une vraie nuée de sauterelles qui souillent, ruinent et dévastent tout et partout.

Dans les années pluvieuses, ce territoire désolé et désert s'anime néanmoins, tant est féconde cette admirable terre d'Afrique sous les

rayons de son soleil vivifiant. De beaux pâtu-
rages y poussent comme par enchantement et y
attirent de nombreux troupeaux des tribus
nomades.

Après Tunis, c'est la ville la plus considérable
de la Régence. Elle fut même dans un temps la
métropole de toute cette partie de l'Afrique et
de toutes les possessions Arabes dans la
Barbarie.

Elle compta jusqu'à soixante mille habitants.

Mais elle est bien déchue de son ancienne
splendeur ; elle n'a plus guère aujourd'hui que
quatre kilomètres de tour, et renferme tout au
plus douze mille habitants.

Elle est considérée comme la troisième ville
sainte de l'islamisme, parce qu'elle renferme le
tombeau du barbier du Prophète.

Kaïrouan est aussi célèbre par sa vaste mosquée, dont l'entrée est interdite aux infidèles.
N'étaient les minarets, cet édifice colossal ressemble plutôt à une forteresse qu'à une
mosquée.

L'intérieur de cet édifice est, dit-on, orné de
magnifiques colonnes en marbre, en granit et
en porphyre enlevées à des monuments phéniciens, carthaginois et romains.

El-Bekri dit que, de son temps (460 de l'hégire, 1080), on en comptait quatre cent quatorze formant dix-sept nefs. Il parle aussi de deux superbes colonnes rouges tachetées de jaune, enlevées à une église chrétienne (qui les avait prises à un temple païen), pour lesquelles l'empereur de Constantinople avait vainement offert leur poids en or.

La ville a des marchés assez bien fournis. Bien qu'autour d'elle et au loin règne un désert, chaque jour des caravanes viennent l'approvisionner.

Ses bazars, comme tous ceux des autres villes musulmanes, sont divisés en plusieurs quartiers distincts : chaque genre d'industrie y occupe un emplacement séparé et se trouve sous la juridiction d'un *Amin* particulier, ce qui rappelle nos corps de métiers du moyen-âge.

L'industrie principale est la préparation des cuirs marocains ; le commerce de pelleterie alimente une foule d'ouvriers ; les uns fabriquent des selles, d'autres des brides, d'autres des étuis d'armes, d'autres surtout des babouches en maroquin jaune.

Dans l'art de préparer avec le safran cette nuance jaune et de l'appliquer sur le cuir, les artisans de cette ville n'ont point de rivaux dans toute la Régence.

Chaque mosquée, chaque établissement public ou privé, chaque maison a sa citerne.

Aucun chrétien n'a jamais eu le droit de se fixer à Kaïrouan, ni même d'y pénétrer, à moins d'une faveur toute spéciale.

Les juifs, qui partout ont su se rendre nécessaires aux musulmans, qui les méprisent mais ne peuvent s'en passer, n'ont jamais pu, non plus, franchir ses portes.

En 1846, au mois de mars, le général Baraguay-d'Hilliers, visitant Kaïrouan y fut reçu par la populace à coups de pierres, bien qu'il eût pour escorte les mamelouks du Bey et le gouverneur lui-même. L'habit européen fait, chez ces fanatiques (idiots comme tous les fanatiques de n'importe quelle religion), le même effet que le lambeau d'étoffe rouge produit sur taureau.

RACCADA.

Il ne reste ni un mur ni une pierre qui indique et rappelle cette ville de plaisirs, située à une heure de route au Sud de Kaïrouan.

El-Bekri seul nous en a retracé les splendeurs.

Nous analysons aussi brièvement que possible :

« Raccada avait vingt-quatre mille quarante coudées de tour (autant que Tunis). Plus de jardins que de maisons. Point d'endroit dans l'Ifrikia où l'air fût plus pur, plus tempéré, les zéphirs plus embaumés, le sol plus fertile, à ce point que quiconque entrait dans cette ville ne cessait de rire, d'être de joyeuse humeur même sans motif. On y venait en partie de plaisir *faire la débauche* » (expression usitée chez tous les conteurs orientaux; voir les Mille et une Nuits.) — Nous allons en dire la raison tout à l'heure.

Raccada signifie *la Dormeuse*. Elle fut le lieu de résidence et d'agrément des souverains Aghlebites.

Fondée en 263 (876-877), par Ibrahim, elle acquit rapidement une splendeur merveilleuse qui dura à peine un demi-siècle.

Les Arabes de Kaïrouan étaient très-friands de nebid, boisson fermentée que l'on préparait avec des dattes et du miel, puis ensuite avec des dattes toujours et du raisin sec, puis enfin avec des dattes encore et du raisin frais. On était même arrivé à supprimer tout à fait les dattes et à ne composer le nebid qu'avec du jus de raisin tout seul; en un mot c'était du vrai vin, mais on lui avait conservé son nom primitif pour sauver les apparences. Nebid n'était plus qu'un euphémisme.

Or, Ibrahim, pour animer son séjour de prédilection avait décrété l'interdiction de la vente du nebid dans Kaïrouan, mais il en avait autorisé le débit à Raccada.

Voilà pourquoi cette délicieuse *ville de campagne* s'était vite peuplée de palais, de bains, de bazars et de caravansérails, pourquoi elle était le rendez-vous des citadins qui voulaient faire la débauche, pourquoi enfin la tristesse et la mélancolie en étaient bannies.

En 308 (921), après le départ du souverain, le commerce s'en retira, la ville devint peu à peu déserte et les maisons tombèrent en ruines. Puis les ruines disparurent; Raccada, *la Dormeuse,* fut effacée du territoire de Kaïrouan.

CALCHANA

A douze milles de Kaïrouan, dit Et-Tidjani (le mille arabe équivaut à notre kilomètre).

Les portes des maisons y sont tellement basses que les chevaux et les mulets ne peuvent y entrer : précaution adoptée par les habitants pour empêcher les collecteurs d'impôts et autres agents du gouvernement de venir s'installer chez eux.

EL-DJEM.

Après l'aqueduc de Carthage, il n'y a, en Ifrikia, rien de plus grandiose et de plus extraordinaire que ce gigantesque monument de la civilisation romaine.

L'amphithéâtre d'El-Djem (de la ville il ne reste que des ruines informes) est, au dire de tous ceux qui ont visité les curiosités de l'Afrique, le plus merveilleux échantillon de la grandeur monumentale des temps anciens.

Au temps de sa splendeur, il pouvait contenir

soixante mille spectateurs. Ce colosse n'avait de rival que le *Colosseum* (Colisée) de Rome.

Situé à sept myriamètres Sud de Souza, à six myriamètres Nord de Sfax, à sept myriamètres Nord-Ouest de Kaïrouan, et à quatre myriamètres de la côte la plus rapprochée (les grandes ruines de Botria), on l'aperçoit à plus de quatre myriamètres de distance (vingt milles géographiques).

D'après M. Victor Guérin, cet amphithéâtre forme un long ovale de l'Est à l'Ouest.

L'intérieur de l'arène a quatre-vingt-trois mètres de long sur trente-trois mètres de large.

L'extérieur du monument a cent quarante-neuf mètres de longueur, cent vingt-quatre mètres de largeur et trente mètres de hauteur.

Les murailles ont vingt mètres d'épaisseur.

L'édifice est composé de quatre étages, ou rangs d'arcades, dont le plus élevé n'était qu'un attique.

Chaque étage a soixante-quatre arcades à la façade extérieure.

Les arcades sont séparées par une colonne d'ordre composite au premier et au deuxième étage, corinthien au troisième.

Chacun des deux premiers étages a neuf mètres

trente centimètres de hauteur ; le troisième huit mètres, et l'attique avait environ quatre mètres cinquante centimètres.

Total de la hauteur de l'édifice trente-et-un mètres dix centimètres.

L'ouverture de chaque arcade est de trois mètres trente-trois centimètres.

La largeur de chaque pilier, trois mètres soixante-quinze centimètres.

De là : soixante-quatre arcades donnant deux cent vingt-trois mètres douze centimètres.

Soixante-quatre piliers donnant deux cent quarante mètres, la circonférence pour tout le monument est quatre cent soixante-trois mètres douze centimètres.

On n'est point fixé sur l'époque qui vit s'élever cet amphithéâtre ; aucune inscription avec date n'a encore été trouvée dans ses ruines.

C'est dans cet amphithéâtre, transformé en forteresse, que, dans les premières années de l'invasion arabe, la Kahena, dont nous avons retracé une partie de l'histoire (page 52), après avoir formé une ligue puissante de Grecs vaincus et de Berbères non encore soumis aux vainqueurs, vint se retirer.

Pour rendre imprenable ce château-fort improvisé, elle en avait fait boucher toutes les arcades inférieures au moyen des marches d'escaliers et des pierres des gradins intérieurs qu'elle avait fait arracher.

On raconte, dit Et-Tidjani, que la Kahena (ou Kahina), étant assiégée dans ce château, fit creuser un souterrain dans la pierre vive aboutissant à la ville de Selecta.

(Selecta est une localité sur la côte de Tunisie à un myriamètre et demi au Sud de Mahdia, et à quatre myriamètres Est d'El-Djem; on y voit les vestiges d'une grande ville.)

Les Arabes de la localité disent qu'une légende transmise jusqu'à eux affirme que ce souterrain conduisait à Mahdia. Les esprits forts de la localité prétendent que ce n'est autre chose qu'une citerne de cent cinquante à deux cents pieds de long, sur dix à douze de large, à l'extrémité de laquelle les terres se sont éboulées.

El-Bekri rapporte aussi la tradition du souterrain qui se prolongeait jusqu'à la mer, creusé par la Kahina, et assez large pour laisser passer plusieurs cavaliers de front.

Nous pensons que ce souterrain existait dès la fondation de la cité et de l'amphithéâtre d'El-Djem; qu'il avait été construit exprès pour faire arriver dans l'amphithéâtre l'eau de la mer quand, pour les pièces nautiques on transformait l'arène en bassin, ainsi que cela se pratiquait à Antioche du temps des Césars de Rome. Les issues en avaient été bouchées, et la Kahina, qui les connaissait, les avait ouvertes.

Plus tard, dans une autre des fréquentes révoltes des Berbères contre leurs envahisseurs, ce château fut vivement attaqué par Yehia-ben-Ishak-el-Mayorki qui, fatigué de l'inutilité de ses efforts dut en abandonner le siége : Après une longue résistance, les assiégés, pour lui prouver combien ils étaient peu dans la gêne et dans la disette, lancèrent sur lui des poissons tout vivants, qu'ils se procuraient par le moyen du passage seuterrain qui conduisait à Selecta.

Ces faits consignés par tous les historiens arabes, transmis en outre par la tradition orale, n'ont cependant jamais éveillé l'attention du gouvernement tunisien. Il doit cependant y avoir là un point historique et curieux à éclaircir, et nous espérons que le souverain actuel, si progressif en toute chose, ne négligera point de faire faire la lumière sur un fait aussi intéressant.

D'El-Djem jusqu'aux rivages méditerranéens s'étendaient de vastes et anciennes plantations d'oliviers qui étaient pour les nombreux habitants de cette province, la source d'une richesse considérable. On les connaissait dans toute l'Ifrikia, ces oliviers plusieurs fois séculaires et symétriquement plantés en quinconce sur un espace de plus de dix lieues carrées, sous le nom de Zeïtounes-Sah'el (Oliviers de la côte).

Ce fut pendant les trois grandes invasions d'Arabes du onzième siècle que leur symétrie d'abord fut altérée par des abattages sans motif autre que la rage de destruction. Les plantations s'éclaircirent bientôt au point de transformer en un pays pauvre un territoire qui était un des plus riches de l'Ifrikia.

Non loin d'El-Djem se trouve un lac qui porte le même nom. Son lit desséché est couvert d'une croûte épaisse d'un sel extrêmement-blanc.

Plusieurs de ces sortes de lacs desséchés et conservant une couche de sel très-blanc se rencontrent dans la Tunisie.

PROVINCE DE L'OUEST

TEBOURBA.

Tebourba est une petite ville de deux mille cinq cents habitants, située sur la rive gauche de la Medjerda (ancien Bagradas), et un peu moins délabrée que la plupart des villes de la Tunisie.

La ville antique (Tuburbum Minus) qu'elle a remplacée était beaucoup plus vaste.

Les habitants actuels descendent pour la plupart des Maures-Andalous; ils cultivent autour de Tebourba de fertiles vergers, dont les fruits sont à destination des marchés de Tunis, qui se trouve à sept lieues à l'Est.

BÉJA.

Elle est située à vingt-et-une lieues de Tunis vers l'Ouest, et à dix-neuf lieues des frontières d'Algérie.

Salluste la désigne sous le nom de *Vacca* ; et Pline la cite sous la dénomination d'*Oppidum Vagense*.

Bâtie sur la pente d'une haute colline, une muraille d'enceinte flanquée de distance en distance de tours carrées l'environne. Elle forme un pentagone irrégulier dont une Kasbah occupe le point culminant.

Cette enceinte, antérieure à l'invasion arabe, et construite avec des matériaux qui datent d'une époque plus reculée, date de Justinien, qui appela cette ville *Theodorius*, en l'honneur de l'impératrice.

Sa mosquée principale passe pour la plus ancienne de toute la Tunisie ; c'est une ancienne église chrétienne, remaniée à l'effet de devenir un sanctuaire musulman.

Béjà est tombée dans la plus complète décadence ; la moitié au moins de ses maisons sont ou détruites ou dans le plus triste délabrement.

C'était à l'époque de Jugurtha une cité riche et commerçante.

A l'époque d'El-Bekri (deuxième moitié du onzième siècle), Béjà jouissait encore d'une grande prospérité.

« Badja, écrivait-il, renferme cinq bains.

« Elle possède aussi un grand nombre de caravansérails et trois places ouvertes où se tient le marché de comestibles.

« Les environs de Badja sont couverts de magnifiques jardins arrosés par des eaux courantes. Le sol en est noir, friable, et il convient à toutes les espèces de grains.

« On voit rarement des fèves et des pois chiches qui soient comparables à ceux de Badja, ville qui, du reste, est surnommée le grenier de l'Ifrikia.

« En effet, le territoire est si fertile, les céréales sont si belles et les récoltes si abondantes que toutes les denrées y sont à très-bas prix; et cela, lorsque les autres pays sont dans la disette. Quand le prix des céréales baisse à Kaïrouan, le froment a si peu de valeur à Badja que l'on peut en acheter la charge d'un chameau pour deux *dirhems* (un franc).

« Tous les jours, il y arrive plus de mille chameaux et autres bêtes de somme destinées à transporter ailleurs des approvisionnements de grains, mais cela n'a aucune influence sur le prix des vivres, tant ils sont abondants. »

Aujourd'hui Béjà est bien déchue de son antique richesse. Sa population dépasse à peine quatre mille âmes. Néanmoins ses environs sont si fertiles, principalement en céréales, qu'elle est demeurée l'un des plus importants marchés pour le commerce des grains, de toute la contrée, que les Arabes désignent encore par l'expression générique de *Frikia,* c'est-à-dire, l'Afrique proprement dite (province de Constantine et de Tunis).

TEBOURSOUK.

Teboursouk, à sept lieues au Sud de Béjà, s'élève sur le versant d'une haute colline.

Comme Béjà, son mur d'enceinte, construit avec des matériaux antiques, mais fort mal construit, est flanqué de tours carrées. Ce mur est percé de nombreuses brèches.

L'intérieur de la ville offre le spectacle d'une grande misère et d'un complet délabrement. Les maisons sont en grande partie ou abandonnées, ou démolies par le temps. Les rues sont d'une malpropreté écœurante. La population qui s'amoindrit continuellement est à peine de deux mille cinq cents habitants.

Cependant, la position de Teboursouk est très-heureuse; son territoire est très-fertile, et elle a en outre l'avantage de posséder dans son centre une source d'eau fort abondante qui s'écoule dans un vaste bassin antique, divisé en deux compartiments, et construit en pierres de taille; en un mot, Teboursouk possède tous les éléments possibles pour devenir une cité heureuse et importante, mais elle semble dédaigner de les utiliser.

EL-KEF.

Cette ville doit le nom qu'elle porte actuellement à la montagne rocheuse sur le penchant de laquelle elle est bâtie (*El-Kef* signifie *le Rocher*).

Son nom ancien était *Sicca Veneria*.

Elle dut sa fondation à une colonie de Phéniciens qui y pratiquèrent le culte de la *Vénus asiatique* adorée en Assyrie et vraisemblablement aussi en Syrie et en Phénicie.

La ville ancienne, dont celle du Kef occupe l'emplacement, était beaucoup plus grande que celle-ci, car en dehors de l'enceinte moderne jusque dans les jardins qui l'environnent, le sol est jonché de débris divers.

Elle était ornée de plusieurs temples, entre autres, ceux de Vénus, d'Hercule et de la Fortune.

Dans le temple consacré à Vénus, les demoiselles de bonne famille étaient admises à se créer une dot aux dépens de leur virginité, selon la pratique constante des Phéniciens.

Sicca Veneria se trouvait sur la route de Cirta à Carthage (de Constantine à Tunis aujourd'hui).

On peut encore étudier maintenant plusieurs ruines antiques au milieu de la nouvelle ville :

Les vestiges d'un temple consacré à Hercule ;

Ceux d'une basilique chrétienne ;

Les restes d'un palais ;

Une fontaine monumentale qui fournit encore

aux habitants une eau très-abondante, laquelle arrive au moyen d'un grand canal souterrain ;

Une autre fontaine, aujourd'hui bouchée, et qui, comme la précédente, sortait d'une profonde caverne.

Çà et là, confusément engagés au milieu de matériaux ordinaires dans les constructions modernes, on aperçoit de belles pierres antiques, des tronçons de colonnes, des chapiteaux mutilés, des fragments d'entablement et des cipes tumulaires.

Une ruine, désignée sous le nom de *Kasr-er-Roula* (le château de la *Goule*), est une ancienne basilique chrétienne. Les murs, dont les substructions existent, encore, avaient un mètre d'épaisseur et étaient construits en pierres de taille.

La nef principale était ornée de colonnes de marbre blanc veiné de bleu dont quelques tronçons seulement gisent au milieu d'autres débris, les Musulmans ayant enlevé pour leurs mosquées les colonnes non fracturées.

El-Kef est regardée par les Tunisiens comme la ville la plus forte de la Régence, et comme la clef du pays vers l'Ouest. La vérité est qu'elle ne pourrait guère arrêter qu'une armée d'Arabes.

Elle a quatre portes principales qui condui-

sent à un véritable labyrinthe de rues et de
ruelles irrégulièrement tracées. Deux quartiers
sont presqu'en ruines et à peine peuplés, ce
qui fait que Kef renferme moitié moins d'habitants qu'on ne le supposerait tout d'abord. Sa
population totale est de quatre mille cinq cents
Musulmans, six cents Juifs, quelques Maltais,
et les employés actuels du télégraphe français,
— télégraphe récemment établi et qui relie Tunis à Alger, par Kef et Constantine.

LE SUD

C'est en vain que l'on chercherait sur les cartes une ligne de démarcation qui limiterait les possessions territoriales de la Régence de Tunis dans la partie Sud.

Nous indiquerons seulement les principales oasis qui s'étendent en ligne presque droite de l'Est à l'Ouest, depuis Gabès jusqu'à Nefta.

Tous les pays plus méridionaux, composés aussi de déserts et d'îles de verdure, ont été trop peu explorés pour que nous puissions dire autre chose que de signaler leur existence.

EL-HAMMA

(EAUX THERMALES)

Cette oasis, à six lieues Est dè celle de Gabès, est formée de plusieurs villages : El-Kasr, Dab-

daba-Soumbat, Zaouïet-el-Madjeba, Bou-Atou-
che.

Entre Dabdaba et El-Kasr s'étendait autrefois
une ville d'eaux très-importante qui portait le
nom d'*Aquæ Tacapitanæ* parce qu'elle dépendait de Tacape (Gabès), située à dix-huit milles
romains de distance (six lieues de quatre ki'o-
mètres actuels).

Et-Tidjani appelle ces eaux thermales H'amet-
Methmatha pour les distinguer de celles de
Tozer (à quarante lieues à l'Ouest) nommées
H'amet-el-Behalid.

Elles portent aussi le nom aujourd'hui de
H'amet-Gabès.

Tous les villages de cette oasis sont entourés de
plantations de palmiers arrosées par des eaux
courantes.

Ces eaux proviennent de quatre sources thermales dont trois se trouvent à Dabdaba, et la
quatrième entre Dabdaba et El-Kasr.

Elles étaient jadis renfermées dans de superbes et vastes bassins construits en fort belles
pierres de taille et qui n'existent plus qu'en
partie, beaucoup ayant été déplacés, enlevés
ou détruits par suite du manque de réparations.

A chacune des sources est adjoint un petit établissement de bains de construction moderne, mais les bains sont divisés intérieurement en plusieurs compartiments qui sont antiques.

La plus chaude de ces sources a 45 degrés, celle dont la température est la moins élevé est de 34 degrés seulement.

BELAD-NEFZAOUA

Ce territoire, à une quinzaine de lieues Ouest d'El-Hamma, est une sorte d'archipel composé d'une quarantaine d'oasis plus ou moins considérables, disséminées au milieu d'une vaste mer de sable et séparées du Belad-el-Djerid (pays des palmiers) par l'immense Sebkha-Faroun (marais de Pharaon), le fameux lac Triton des Grecs et des Romains. La mer de Sable se trouve à l'Est et au Sud du Nefzaoua, et la Sebkha-Faroun le borne au Nord et à l'Ouest.

Beaucoup de ruisseaux taris sont tapissés d'une épaisse couche de sel cristallisé.

KEBILLI

Ancienne Vepillum.

C'était, il y a quelque vingt ans, la ville la plus importante du Nefzaoua. Elle était entourée d'une bonne muraille défendue par un large fossé rempli d'eau.

Aujourd'hui, par suite de la guerre qu'elle eut à soutenir contre les armées du bey de Tunis qui voulait doubler l'impôt, la moitié des maisons est détruite, d'autres sont en partie renversées ; elles ne se relèveront pas, c'est dans le caractère des naturels de tous ces pays. Sa prospérité est passée, c'est une ville qui agonise.

MANSOURAH

A deux lieues Nord-Ouest de Kebilli.

Au bas du plateau où elle est située serpente un oued divisé en plusieurs bras et où coule une eau intarissable ; ses rives, jadis canalisées, sont ombragées par de magnifiques palmiers. La végétation y est partout luxuriante. Tantôt ces palmiers lancent vers le ciel une tige unique, tantôt ils sont rassemblés en touffes de dix ou douze sortant d'une même souche et rayonnant autour d'une tige centrale comme une gigantesque corbeille de verdure.

TELMINE

Bâtie sur l'emplacement d'une ruine romaine, elle est précédée d'un grand étang qui ne tarit jamais et dont on n'a encore pu atteindre le fond. Au centre de la ville, qui se trouve à une petite distance Sud-Ouest de Mansourah, jaillit une source très-abondante.

Du Nefzaoua pour aller à Castîliya, dit El-Bekri, il faut traverser un terrain marécageux dans lequel on a dressé des poutres pour indiquer le chemin. Celuï qui s'écarte, soit à droite, soit à gauche, s'enfonce dans une terre mouvante qui ressemble à du savon mou. Il est arrivé à des compagnies de voyageurs et même à des armées d'y périr sans laisser de trace. Cette région de marécages s'étend jusqu'à la ville de Ghadams, à quinze journées de marche vers le Sud.

Nous n'avons trouvé sur aucune carte ni Ghadams ni Castîliya, quoique les historiens arabes disent que cette dernière rapportait au trésor du bey une perception de 200,000 dinars par an, soit une somme de 2 millions de francs.

Ils disent aussi que dans ce pays on mange la chair du chien. Les habitants engraissent ces animaux avec des dattes, comme en Europe on engraisse les porcs.

LA SEBKHA-FAROUN

Ce lieu a dû être le théâtre de grandes et singulières révolutions géologiques dont la tradition ne nous est pas parvenue.

Hérodote y fait naître Minerve ; Pindare y conduit Jason et les Argonautes ; Hérodote parle d'un fleuve Triton qui alimentait ce lac et de l'île Phla qui se trouvait au milieu.

Scylax, Pomponius-Mela et Pline parlent aussi de ce fleuve ; Ptolémée y ajoute des détails très-étendus sur sa source, son parcours dans lequel il formait trois lacs, puis se jetait dans la mer Méditerranée.

Aujourd'hui c'est un immense marécage salé

de près de cinquante lieues de l'Ouest à l'Est, et dont la plus grande largeur est de quatorze lieues à partir de l'Ouest du Nefzaoua.

En été, presque à sec, il présente une interminable plaine basse, aux lointains vaporeux et sans horizon. Une atmosphère écrasante s'étend sur toute sa surface, recouverte d'une épaisse couche de sel blanc cristallisé qui semble desséché par une fournaise subterranée.

Ce sel étendu en vastes nappes argentées offre l'apparence de la neige, les yeux en sont douloureusement impressionnés.

Trois routes traversent la Sebkha; hors de ces routes, pas de passage possible.

L'une, coupe la Sebkha dans sa moindre largeur et conduit d'El-Hamma à Tozer, par le littoral Nord, elle n'a que deux lieues sur le marais.

La seconde, qui a trois lieues de marécage à traverser, conduit du Nefzaoua à Kaïrouan.

La troisième, qui part de la pointe du Nefzaoua, coupe obliquement la Sebkha, sur une étendue de douze lieues. Elle mène du Nefzaoua à Tozer; les pointes extrêmes en terre ferme sont Debabcha à six lieues Nord-Ouest de Kebilli, et Cédéda à quatre lieues Nord-Est de Tozer.

Au milieu de cette dernière route, bordée de pierres et pieux sans lesquels on courrait risque de s'engloutir dans des fondrières et des sables mouvants, se trouve une halte — Hadjar-en-Noss, *Pierre du milieu*,—indiquée par une borne plus haute que les autres.

En été, à cause de l'intensité de la chaleur causée par le reflet du soleil sur la surface blanche de ce sel en poudre qui vous suffoque et fait que les chevaux ne marchent qu'avec difficulté, en hiver, lorsque des pluies abondantes ont rempli d'eau le lit de la Sebkha et que la chaussée détrempée se trouve submergée, il faut des précautions infinies pour s'y maintenir tant le fond est devenu glissant.

TOZER.

Tozer est le chef-lieu du Djerid-Tunisien. (Le Djerid, Belad-el-Djerid, pays des palmiers, se trouve enclavé entre le Maroc à l'Ouest et la Régence de Tripoli à l'Est, sur une étendue de plus de trois cents lieues; il est borné au Nord par l'Algérie et la Tunisie, se développant vers le Sud en archipels d'oasis, jusqu'à une centaine de lieues dans l'intérieur du Sahara.)

Tozer se compose de neuf villages qui sont comme autant de quartiers d'une même ville. Ses maisons sont en briques cuites; sa population est d'environ dix mille habitants.

Son industrie et son commerce résident principalement en tissus très-renommés pour burnous, haïcks, couvertures.

Un agent consulaire français y est établi à cause des nombreuses relations commerciales que le Djerid entretient avec l'Algérie.

Voici ce qu'en disait El-Bekri (onzième siècle) :

« Touzer est arrosé par trois ruisseaux qui prennent leur source dans une couche de sable fin et blanc comme de la farine. Chacun de ces trois ruisseaux se partage et forme six canaux de chacun desquels rayonnent une quantité innombrable de conduits construits en pierre d'une manière uniforme et de même dimension.

« Il y aussi dans l'Oasis l'Oued-Bergoun, la *rivière aux prunes,* qui, arrivée à un barrage de construction antique, romaine peut-être, en grandes pierres de taille, se subdivise en trois branches. »

M. Berbrugger, qui visita Tozer en novembre 1850, a reconnu que tous ces canaux, ces conduits, ainsi que le barrage sont de construction romaine et sont toujours en très-bon état et parfaitement entretenus.

Et-Tidjani(treizième siècle) est plus explicite :

« Touzer est la capitale du Djerid. Dans aucune localité de cette contrée on ne voit une forêt de dattiers aussi considérable que celle qui s'y trouve.

« La cause en est à l'abondance des eaux qui les arrosent. Ces eaux proviennent de plusieurs sources qui sourdent du milieu des sables ; elles se réunissent en dehors de la ville et forment une large rivière, d'où s'échappent de nombreux cours d'eaux qui se divisent en plusieurs ruisseaux, dont les gens de Touzer font la répartition entre leurs propriétés.

« Ces cours d'eau font tourner un grand nombre de moulins.

« Le lieu le plus pittoresque de Touzer est un endroit situé hors du bois et appelé du nom de Bab-el-Manschour. C'est là que les eaux se réunissent et qu'elles se divisent. Ceux qui exercent la profession de teinturiers y viennent

étaler des vêtements de couleurs variées et des
étoffes brodées. L'œil du visiteur croit voir
alors devant lui, un riche parterre où des fleurs
aux mille couleurs s'épanouissent sur les bords
de frais et limpides ruisseaux.

« Le bois de dattiers touche aux remparts de
la ville, et ajoute ainsi aux moyens de défense de
la place. »

Aujourd'hui, il n'y a plus de ville proprement
dite, les murailles ont été démolies, et ce n'est
plus qu'un assemblage de villages, qui n'en
constituent pas moins la ville de Tozer, une des
plus importantes, commercialement parlant, de
la Tunisie.

Ses jardins, grâce à l'Oued intarissable qui
les féconde, sont toujours d'une admirable fertilité. Assiégés de tous côtés par les sables, ils
étalent sous ce ciel torride toutes les richesses
de la plus éblouissante végétation.

On évalue à deux cent cinquante mille le
nombre des palmiers en plein rapport.

Sous la couronne éternellement verte de leurs
tiges élancées, et d'où pendent à l'automne de
longs régimes de dattes les plus savoureuses
du Sahara, croissent un nombre presque incal-

culable d'autres arbres fruitiers, orangers, citronniers, grenadiers, figuiers, oliviers, jujubiers, abricotiers, pruniers, cognassiers, etc., à leur pied, les terrains sont divisés en carrés ou plantés de légumes, blés, orges, etc.

Une eau vivifiante circule nuit et jour et en tous sens dans ces vergers et y entretient, grâce au soleil tropical, une inépuisable fertilité.

EL-HAMMA.

Au Nord, et à deux lieues de Tozer se trouve une autre oasis, El-Hamma, formée de quatre villages.

Près de Hemlat, un de ces villages, coule une source d'eau minérale près de laquelle un Santon (moine turc) a bâti une chapelle.

Cette source coule dans deux bassins antiques voisins l'un de l'autre; le premier, oblong, est en partie détruit; le second, carré, est encore intact.

Construits tous deux avec de fortes et belles pierres de taille, ils remontent à une époque très-ancienne.

Il est évident que l'invasion des sables qui

menacent à chaque tempête d'ensevelir ces oasis et qui s'avancent et resserrent de plus en plus les terrains fertiles, est postérieure à toutes les constructions romaines ou phéniciennes de ces contrées, et qu'elle ne poursuit sa marche lente mais dévastatrice que depuis le jour où le déboisement de ces pays enchanteurs a été si brutalement commencé puis continué par les diverses hordes de conquérants arabes qui se sont disputé le sol de l'Ifrikia pendant plus de cinq siècles.

Il ne manque aujourd'hui à ce pays, comme à toute la Tunisie que des encouragements à l'agriculture, et des primes aux plantations, au lieu des impôts arbitraires qui ont si longtemps pesé sur les cultivateurs. Bientôt, l'homme reconquerrait sur le désert la part de terrain que le sable a envahi.

Revenons à notre source minérale, qui est légèrement sulfureuse et possède une température de 36 degrés.

Les Arabes de la localité se baignent dans le second bassin, qu'ils ont environné de poutres entrelacées de branches de palmiers.

Six autres sources d'eau douce fertilisent cette oasis.

NEFTA.

A quelques lieues à l'Ouest de Tozer est une oasis composée de neuf villages ou quartiers de la même ville.

On y compte huit mille habitants ; ses maisons sont construites en briques, le sol ne fournissant pas (ou plus) de matériaux pareils à ceux des anciennes constructions romaines ou antérieures aux Romains.

Même commerce et même culture qu'à Tozer.

Comme importance, ses jardins viennent immédiatement après ceux de cette dernière oasis.

Son Oued serpente à travers une véritable forêt de palmiers mêlés à tous les autres arbres fruitiers de ces contrées, et l'air y est perpétuellement embaumé du parfum de leurs fleurs et de leurs fruits.

Des vignes aux ceps gigantesques s'enroulent comme d'interminables serpents autour des dattiers, et courent capricieusement en festons, d'arbre en arbre, les reliant tous ensemble par d'inextricables liens.

Encore un coin du paradis terrestre.

GAFZA.

A vingt lieues environ Nord-Est de Tozer.

C'est une des plus grandes oasis, et la plus septentrionale du Djerid tunisien.

Elle est située sur un plateau qu'entourent à une certaine distance de trois côtés, Ouest, Est, et Nord, des montagnes assez élevées.

Son territoire est parsemé de ruines, et partout l'on rencontre des pierres avec inscriptions romaines.

Dans les environs de la ville, on comptait plus de deux cents bourgades florissantes, du temps d'El-Bekri, toutes bien peuplées et arrosées tant à l'intérieur qu'à l'extérieur par les eaux qui sortent en abondance de la ville.

Les impôts de Gafza rapportaient alors annuellement 50,000 dînars (500,000 fr.).

LE LAC TAKMERT.

Non loin de Tozer. Il a quatre-vingts kilomètres du Nord-Ouest au Sud-Est, sur vingt-cinq à trente de large. Ce nom lui vient des troncs d'arbres que l'on enfonce dans le lac pour *marquer* la route à suivre ; le passage en est toujours aussi dangereux qu'autrefois, et bien des caravanes s'y sont englouties.

Il y a encore aux environs de Tozer, d'après Edrisi, une saline qui est une merveille du monde et dont les historiens, dit cet écrivain, ont oublié de parler. La surface de cette saline a plusieurs milles d'étendue ; on dirait du métal fondu ou du marbre poli. On croirait voir un étang dont l'eau serait gelée.

Quelquefois, en effet, la surface, fléchissant sous une surcharge de voyageurs, s'est crevée et les a englouti, sans qu'il fût possible de les sauver.

TROISIÈME PARTIE

TUNIS

Tunis, la *Thunes* des premiers temps, capitale
et premier centre de commerce du royaume, est
située par 36° 48' de latitude Nord, et 7° 51' de
longitude orientale, à onze kilomètres de la mer,
sur une éminence qui s'élève d'une vaste plaine
à quatre lieues des ruines de Carthage, et sur le
bord occidental d'un lac d'eau salé peu profond,
accessible aux barques seulement et qui com-
munique par son extrémité opposée avec la mer
par un canal appelé :

LA GOULETTE.

Ce canal est protégé par un fort à l'abri duquel mouillent les vaisseaux marchands.

La Goulette renferme des chantiers de construction et les magasins centraux du Bey.

Une faible population juive et arabe et quelques Européens forment un petit village renfermé dans l'enceinte des fortifications.

Un vice-consul français y réside (M. Ch. Cubisol), et y est chargé de tous les autres consulats européens.

Les principaux établissements de La Goulette sont : l'arsenal, le palais du Bey, qui y réside pendant la saison des bains de mer, la maison de l'aga et celle du vice-consul de France.

TUNIS.

Des bords du lac pour arriver à Tunis on traverse un terrain nu et aride, sans arbre ni verdure, où l'on déposait encore, en 1847, toutes les immondices de la ville.

C'était la promenade, comme à Constantinople le cimetière de Pera.

La ville est entourée d'un mur d'une lieue d'étendue. Elle a deux lieues de tour avec les faubourgs.

La campagne des environs est insignifiante et

inférieure à celle des environs d'Alger et de Bône. Ce sont de grandes plaines à blé bordées de collines ombragées d'oliviers et de caroubiers.

Un aqueduc moderne traverse une vallée, qui devient marais dans la saison des pluies, située derrière la ville.

Un vaste terrain, non clos, sert pour la sépulture des Musulmans et est couvert de pierres tumulaires. Le cimetière des chrétiens et celui des Juifs sont entourés de hautes murailles.

Dans l'intérieur de la ville les rues sont étroites, tortueuses et non pavées.

Les maisons sont basses et rarement à deux étages. Chaque famille occupe une maison. On n'y connaît pas les locataires.

Boutiques pauvres et d'aspect misérable.

Voilà pour la première impression; la seconde lui est encore plus défavorable.

C'est un réseau confus, un dédale inextricable de rues et ruelles mal percées et plus mal entretenues encore, de maisons mal bâties comme plantées à l'aventure et sans la moindre symétrie.

Le quartier franc, situé dans la basse-ville, et dans lequel les pluies entraînaient toutes les ordures et les eaux croupies de la ville haute, s'améliore beaucoup depuis quelques années, grâce à l'initiative du gouvernement et à l'impulsion donnée par notre consul (M. Duchesne de Bellecourt); on a commencé à construire des égouts fermés.

Il n'y a pas dans toute la cité de place publique qui puisse servir de réservoir à renouveler l'air; tout au plus quelques carrefours insuffisants.

Tunis, dont l'importance est très-considérable, tant au point de vue politique qu'au point de vue commercial, laisse trop à désirer sous le rapport de l'édilité. Nous savons parfaitement qu'il n'est guère possible de faire beaucoup sans beaucoup d'argent, et le gouvernement, animé du reste des meilleures intentions, n'en a pas. Nous croyons savoir qu'il recherche les moyens d'apporter une amélioration sensible, tant au mode de construction des rues qu'au service de la voirie.

Heureusement, le climat de Tunis est naturellement sain, et l'on ne se l'explique guère, car la chaleur y est humide : le fer et l'acier s'y oxydent facilement, les cuirs y moisissent, l'or et l'argent y noircissent.

L'épithète de *Blanche*, qu'elle portait dans l'antiquité (voir Diodore de Sicile) lui convient encore parfaitement de nos jours, autant pour ses maisons et monuments blanchis à la chaux qu'à cause de la nature calcaire blanchâtre de son sol.

Les Arabes l'appellent *Fleur de l'Occident*.

De loin, en effet, Tunis offre l'aspect d'une magnifique cité; mais plus on approche plus l'illusion s'efface.

Tunis, d'ailleurs, a cela de commun avec la plupart des grandes villes en renom de l'Orient, lesquelles déconcertent l'admiration et perdent tout prestige. Nous pouvons citer Constantinople, Smyrne, Alexandrie, le Caire, dont la position est si admirable et dont le coup d'œil d'ensemble est si frappant. Parcourez leur intérieur, et tout le charme se trouve détruit.

Aucun historien ni voyageur ne s'accorde pour le chiffre de la population tunisienne.

L'un prétend qu'elle ne dépasse pas 90,000 habitants dont 60,000 Musulmans, 20,000 Juifs, et 10,000 chrétiens divisés ainsi : 5,000 Maltais, 3,000 Italiens, 500 Grecs et 1,500 divers : Français, Espagnols, Allemands et Anglais.

Un autre estime que Tunis renferme 100,000

Bédouins, Maures et nègres, 50,000 Juifs et 8,000 chrétiens de diverses nations.

Un autre document porte la population totale à 120,000 habitants.

En général, on sait qu'il n'y a presque pas d'Anglais, et encore moins d'Allemands.

Quant aux Turcs, à peine en reste-il encore quelques centaines dans toute l'étendue du royaume.

La raison de cette incertitude consiste en ce qu'il n'y a pas en Barbarie, chez les indigènes, de registre officiel pour constater les naissances et les décès. Aucun Arabe ne connaît son âge.

Aucune influence européenne ne peut, à Tunis, contrebalancer celle de la France. C'est sous le pavillon français que les Juifs se réfugient avec le plus de confiance toutes les fois qu'ils ont à se plaindre d'une avanie.

Si nous interrogeons la question industrielle dans cette capitale de la Régence, nous constatons que la serrurerie est peu avancée;

Que l'armurerie est fort en retard;

Que la bâtisse est grossière;

Que le charronnage même y est dans l'enfance;

Conséquemment ignorance de l'art du menuisier et de l'ébéniste.

Cependant il faut reconnaître une habileté merveilleuse chez les ouvriers qui confectionnent les broderies et les éblouissants brocards dont Tunis a la spécialité.

Les babouches en maroquin jaune et rouge que l'on y fabrique, quoique moins estimées que celles de Kaïrouan, sont en réputation égale à celles du Caire.

Ses calottes rouges (— *Fez,* à Constantinople, — *Tarbouck,* en Égypte, — *Chechias,* à Tunis) sont aussi très-renommées.

Quant à ses remarquables couvertures de laine, qui n'ont pas de rivales pour le lainage et la coloration, elle les tire de l'île de Gerba et des oasis du Djerid.

Le palais où réside le bey réunit ses appartements particuliers, le sérail, le harem, les salles de justice, une vaste caserne, la prison d'État, les bains, les maisons où demeurent les ministres ainsi que les employés, et une école polytechnique où sont admis les fils des officiers et autres personnages au service du prince.

Le palais d'été du bey (le Bardo), à quelques lieues Sud de Tunis, n'est rien moins qu'un endroit de délices, quoi qu'en aient dit les grands journaux, il y a vingt ans.

Il est situé de l'autre côté du lac qui touche à Tunis dans la direction méridionale. Ce lac, formé par les eaux pluviales qui, en hiver se réunissent sur ce terrain salin, en été se dessèche complétement et se trouve converti en une vaste saline.

Ce fut d'abord une simple maison de plaisance qui (par l'agglomération de petites maisons bâties aux frais de l'État pour le logement des militaires mariés dont deux régiments eurent ensuite leur caserne en ce lieu) devint bientôt une petite ville, Mohammedia.

Aujourd'hui ce n'est plus qu'un village.

Quant à ce fameux palais, qui coûta tant de millions à construire et dont l'architecture lourde et grossière ne répond nullement au nom qu'on lui donne, il n'a réellement rien de remarquable extérieurement.

Intérieurement, il renferme un grand nombre d'appartements que le bey Ahmed avait fait décorer avec magnificence mais qui, depuis sa mort, ont été dépouillés de tous leurs ornements.

Les meubles, les dorures même, les carreaux de faïence qui revêtaient les murs, les plaques de marbre qui dallaient quelques pièces, les cuirs qui tapissaient les deux grands salons de réception ont été successivement enlevés et transportés ailleurs pour embellir d'autres palais.

Ce fut une sorte de gouffre ou le bey Ahmed a englouti, pendant une longue suite d'années, tous les trésors du Beyliek, et où ses successeurs ont été sans cesse puiser comme en une mine inépuisable.

On y rencontre quelques eunuques, vieux et jeunes, et quelques mamelucks. L'habillement de ceux-ci est le seul vestige que l'on retrouve encore dans ces contrées du riche et élégant costume turc, qui malheureusement se perd chaque jour.

L'une des cours de la Moh'ammedia est traversée par l'aqueduc de Carthage, que l'on répare actuellement pour amener les eaux du Djougar et du Zaghouan à Tunis, qui n'en a que de mauvaise qualité.

Le rétablissement de l'acqueduc de Carthage a été conçu et est en cours d'exécution d'après le plan que voici :

Là où le canal de l'aqueduc s'enfonce dans le sol, il est presque partout assez bien conservé, malgré les vingt ou trente siècles qui se sont écoulés depuis sa construction, dont l'époque n'est pas et ne sera jamais connue; pour restaurer ces parties, il ne s'agit que d'enlever les terres qui s'y sont accumulées et d'en réparer les parois et les voûtes.

Là où les plaines et les vallées succèdent aux collines, on se contente de poser dans la terre d'énormes tuyaux en tôle bitumée dans lesquels l'eau coulera pour remonter ensuite d'elle-même, par le système du syphon, jusqu'au niveau du canal antique.

L'ARMÉE.

L'armée régulière se compose d'un certain nombre de régiments d'infanterie, d'un corps de cavalerie, d'un régiment d'artillerie, et d'un régiment de gardes.

Ce dernier, composé de quatre mille hommes d'élite, porte un uniforme écarlate.

L'ensemble des forces militaires montent, dit-on, à vingt mille hommes ; chiffre probablement exagéré.

INFANTERIE.

Les hommes sont généralement laids, petits et fluets, passablement vêtus et armés. Leurs fusils sont de toute dimension et de tout calibre. Leurs chaussures : babouches, sandales, savates, l'Arabe ne pouvant s'habituer que très-difficilement à marcher avec des souliers d'ordonnance. Leurs chechias sont petites et mesquines, et comme ils ont les cheveux rasés, ils s'enfoncent leur coiffure jusqu'au dessous des oreilles.

Les militaires gradés ont meilleure tournure.

Les officiers portent des capotes comme dans les armées européennes, et, en grande tenue seulement, des épaulettes.

On distingue les grades à une espèce de décoration qui se porte au cou, et qui consiste en une étoile de cuivre pour les caporaux, d'argent pour les sergents ; une aiguillette en plus désigne le sergent-major.

Les officiers subalternes portent l'étoile en or ; les capitaines y ajoutent un croissant ; les capitaines adjudants - majors, qui occupent à Tunis un grade intermédiaire entre les chefs de bataillons et les capitaines, ont un diamant au milieu. Les officiers supérieurs portent le signe de leur grade en diamants plus ou moins grands ; c'est le Bey qui les leur donne.

(La décoration d'un colonel est évaluée à 4,000 francs).

15

Le système de recrutement employé dans la Régence n'a aucun rapport ni avec notre ancien recrutement, ni avec notre conscription moderne; il est d'une simplicité poussée jusqu'à l'extrême.

Le Bey a-t-il besoin de soldats pour ses troupes régulières, il envoie une expédition militaire dans l'intérieur des terres. On prend tous les hommes qui se trouvent sur le passage de la colonne, puis on les trie, et l'on incorpore dans les régiments tout ce qui paraît susceptible de pouvoir porter un fusil, sans autre considération d'aucune sorte. Aussi l'infanterie est-elle un mêli-mêlo d'individus de toute taille, de tout âge et de toute couleur.

Certainement qu'une conscription, si elle pouvait être établie, serait infiniment préférable, mais cela est absolument impossible, au moins de quelque temps. Pour s'en convaincre il suffit de jeter les yeux sur ce qui se passe dans nos possessions d'Algérie, où nous devons nous contenter d'enrôlements volontaires provoqués par l'appât d'une solde considérable. En temps de guerre, nous faisons un peu ce qui se fait en Tunisie, puisque nous requérons des contingents et que nous les forçons à se joindre à nous s'ils s'y refusent.

CAVALERIE.

La cavalerie et l'artillerie sont composées d'hommes d'élite.

Il n'y a que peu de nègres dans la cavalerie et presque pas dans l'artillerie.

Le corps de cavalerie se compose de jeunes gens de familles, fils de scheiks (1).

Il y a environ vingt ans, ce corps ne se composait que d'Arabes nomades. Un jour, un régiment de cette cavalerie, que le Bey avait formé à grands frais, déserta à l'intérieur avec armes, chevaux et bagages. On ne sut jamais ce qu'il était devenu. C'est pour éviter qu'un pareil acte se renouvelle que la cavalerie a depuis lors été recrutée parmi les fils de fonctionnaires.

Chaque escadron est composé de trois pelotons;

Le premier est armé de lances,

Le second porte le sabre et les pistolets,

Le troisième a la carabine.

La caserne de la cavalerie est située à quelques milles hors la ville, dans un ancien palais

______

(1) Le scheik, en Afrique, administre sous l'autorité du caïd. Il pourrait être assimilé à l'adjoint des communes de France s'il n'était chef militaire en même temps qu'administrateur civil.

appelé *la Manouba,* et qui est encore un véritable palais enchanté comme ceux des Mille et une
Nuits, n'étaient les habitants qni se prêtent peu
à l'illusion.

La première cour de la caserne est très-
grande et entourée de hangars pour panser les
chevaux en temps de pluie.

La seconde cour est toute pavée en marbre;
les péristyles, les galeries, soutenues par des
colonnades de porphyre, sont dallées en mosaïques de marbre. Des mosaïques plus précieuses
couvrent le sol des chambres éclairées par des
vitraux de couleur qui donnent à leur atmosphère une teinte particulière et changeante
comme l'irisation du prisme. L'aspect en est
féérique.

Ce qui détruit instantanément le prestige,
c'est un lit de camp en planches qui garnit toute
la longueur des chambres, sur lequel chaque
homme se couche à même et tout vêtu; un espace de deux pieds environ lui est autorisé. Ni
matelas, ni traversins, ni même de paillasses(1).
Une planche, qui règne au-dessus des lits ou

(1) Les Arabes reposent, en général, tout vêtus sur des
tapis ou des nattes.

Nos spahis, qui ont beeucoup d'analogie avec la cavalerie tunisienne, n'ont jamais voulu coucher dans des lits.

plutôt du lit commun, reçoit les effets d'habillements, et des chevilles plantées dans les murailles suspendent les buffleteries.

Le pantalon d'hiver est garance ; celui d'été
est blanc, avec un liseré rose.

Aux chechias est fixée une plaque de laiton
où se trouve le numéro du régiment ; la coiffure
est retenue sous le menton par une jugulaire.

Les officiers portent des bottes à éperons ; les
soldats ont presque tous des babouches ou des
bottines de maroquin de diverses couleurs.

ARTILLERIE.

Les hommes composant le corps d'artillerie
sont généralement jeunes, beaux et vigoureux.
Leur costume ressemble à celui de l'infanterie,
mais les soldats sont plus propres, mieux tenus
et plus uniformément vêtus.

Cela tient à ce que le Bey leur a toujours
donné des instructeurs français.

Ils portent, comme signe distinctif de leur
arme, deux canons en croix sur leurs chechias.

Leur quartier n'est pas, comme la Manouba,
un palais splendide transformé en caserne, mais
il a été construit exprès et sur les plans des plus
belles casernes européennes. Tout y est tenu

dans un ordre et une propreté parfaite, cours, escaliers et chambrées.

Dans une immense cour s'alignent en bon ordre un grand nombre de pièces d'artillerie.

Les chambres, spacieuses et bien aérées, peuvent contenir jusqu'à mille hommes.

Ils ont une musique militaire assez bien organisée, qui exécute des airs français et beaucoup de morceaux tirés de nos opéras.

Aucun soldat, ni officier, n'a le droit de porter au menton la mouche ni l'impériale ; seuls les instructeurs français portent ce qu'ils veulent, même la barbe pleine.

Toutes les dépendances, telles que l'infirmerie, la pharmacie, les ateliers des charrons, des selliers, des maréchaux et des armuriers, les cuisines, les écuries et magasins du train des équipages sont également d'une propreté réjouissante et d'une distribution intelligemment aménagée.

On reconnaît tout de suite, dans tout cela, la main d'ordonnateurs français.

Les punitions ordinaires pour les soldats sont les coups de bâton ; ce sont les officiers indigènes, capitaines et lieutenants indistinctement, qui les appliquent eux-mêmes.

GARDES DU CORPS.

Dans l'origine ces gardes, appelés *chaters,* étaient ce que nous appelons en Europe les bourreaux.

On sait qu'en Orient cet emploi n'a rien de déshonorant, et que le préjugé n'atteint pas, comme chez nous, ceux qui occupent ces fonctions.

Ils accompagnaient habituellement le Bey et portaient constamment les instruments nécessaires pour, au premier signe, faire tomber la tête qu'il leur désignait : c'étaient de larges cimeterres de Damas bien affilés.

Mais ces coutumes barbares s'effacent peu à peu ; de pareilles exécutions deviennent de plus en plus rares ; elles n'ont même plus jamais lieu qu'à la suite d'un jugement motivé ; et depuis une vingtaine d'années ces chaters ne sont plus les exécuteurs.

Ce corps forme maintenant la garde particulière de la personne du Bey.

La condition expresse pour y être admis est d'être renégat. C'est encore une tradition qui reste des anciens mamelucks, qui étaient pour

la plupart chrétiens d'origine. Enlevés à la mamelle de leurs mères, élevés dans la religion
mahométane, sans famille et sans patrie, ils
devenaient d'excellents cavaliers, l'élite des
troupes et les soutiens des provinces.

Le costume des chaters est plus riche qu'élégant. Ils portent une tunique écarlate toute couverte de larges brandebourgs d'or, la chechia
barriolée, et une épée suspendue en verrouil à
un large baudrier comme celui des suisses de
nos églises..

Tous ces costumes font regretter ces brillants
et caractéristiques uniformes des anciens mamelucks, qui avaient réellement un cachet artistique et qui s'harmonisaient si bien avec la
beauté de l'ancien type turc.

Des voyageurs, dans leurs relations de voyage,
ont souvent confondu *chaoux* (ou *chaouchs*) avec
chaters. Les chaoux sont des espèces de *factotum*, de majordomes qu'à Tunis les personnes
riches emploient pour la surveillance de leurs
affaires, ce sont pour ainsi dire des intendants.

JUSTICE.

Comme dans tout l'Orient, l'administration a un caractère particulier : la simplicité des rouages.

Le pouvoir judiciaire réside exclusivement dans la personne du souverain. Le Bey est le premier juge de son royaume; il décide en dernier ressort, au civil comme au criminel.

On n'a qu'à se présenter au palais, au *Bardo,* et l'on obtient audience tout aussitôt. Justice expéditive, mécanisme aussi simple que logique qui ne demande aucun de ces interminables retards et de ces inqualifiables frais de procédure qui font, chez nous, de la justice une ruine particulière et une véritable calamité publique.

De ce côté, en effet, en justice civile et commerciale surtout, il semble que nous nous ingénions à trouver des obstacles et des lenteurs à seule fin d'en faire grassement profiter plusieurs corps d'états qui servent autant qu'une cinquième roue à une voiture, c'est-à-dire à embarrasser la marche de la justice.

Nous aurions cependant un moyen aussi

simple qu'efficace de faire cesser cet état de choses dont tout le monde se plaint, excepté les intéressés naturellement, ce serait de faire des huissiers et des avoués (aussi bien que des notaires) autant de fonctionnaires du gouvernement, rétribués par lui, et qui dès-lors n'auraient plus aucun intérêt à faire mille francs de frais de procédure pour le paiement d'un malheureux billet de cent francs.

La révolution de 1848 a failli nous doter d'une justice à bon marché par la simplification des rouages de cette administration, si compliquée que la plupart des fonctionnaires eux-mêmes n'y comprennent pas toujours.

Nous n'aurons guère cette réforme, bien nécessaire, que quand, par la liberté de la presse, les scandales pourront s'étaler au grand jour; car nos procureurs impériaux eux-mêmes, quoi qu'ils fassent pour mettre ordre à la rapacité de certains huissiers, ne connaissent pas la centième partie des plaintes qui pourraient s'élever contre ces gens, qui ont trop souvent l'habileté de frauder la légalité.

Revenons à la justice tunisienne.

Un exemple :

M. de Laporte, vice-consul de France, se voit

un jour assailli et frappé par des habitants d'un faubourg de Tunis.

Secouru à temps, M. de Laporte rentre chez lui. Le lendemain matin, le scheik-medina, le chef de la police, se présenta au consulat, annonçant que les agresseurs de la veille s'étaient réfugiés dans un lieu saint jouissant de l'immunité, mais il ajoutait que si les coupables ne se livraient pas d'eux-mêmes, il avait donné ordre de murer les issues du temple; ainsi, les coupables mourraient de faim; c'était tout ce que lui, chef de la police, pouvait faire.

Le Bey, lui, ne s'arrêta pas à ces considérations; il fit bel et bien empoigner les malfaiteurs dans le lieu saint, et, en présence de M. de Laporte, les condamna à recevoir séance tenante chacun cinq cents coups de bâton, puis à être ensuite envoyés aux galères s'ils revenaient de la correction.

Au trentième coup, ces malheureux étaient déjà dans un si pitoyable état que M. de Laporte intercéda pour eux. Le supplice fut suspendu et ils furent conduits aux galères.

La durée d'une condamnation au bagne n'est jamais limitée d'avance, elle dépend du bon plaisir du souverain.

La bastonnade est d'un usage général.

Les voleurs la reçoivent dans la cour de la prison sur la partie charnue au bas des reins; les marchands à faux poids et mauvaises mesures, devant leurs boutiques et sous la plante des pieds.

LES FINANCES.

Une question difficile à résoudre dans les États orientaux, c'est celle des revenus de l'État.

Il n'existe ni recensement, ni cadastre, ni statistique d'aucun genre.

La plupart des revenus sont mis annuellement aux enchères.

Vers la fin du siècle dernier, les revenus de la Tunisie étaient évalués à environ trente millions.

Aujourd'hui, le budget atteint à peine vingt millions de francs.

Autrefois, on y faisait entrer la part que le Bey percevait sur la vente des esclaves chrétiens captifs, les primes que payaient les corsaires pour leur lettre de marque et les droits imposés aux caravanes qui traversaient le pays.

Aujourd'hui, ce qui constitue les finances de

l'État sont : — les douanes, — les permis d'exportation de diverses denrées, — le produit de la vente des places de gouverneur, — la dîme prélevée sur les récoltes.

Or, comme nous l'avons dit plus haut, ces diverses branches de revenus sont affermées aux enchères, et les monopoleurs ne se privent pas d'user de tous les moyens *fas et nefas* pour en retirer une somme au moins égale à celle qu'ils donnent au Bey. C'est pour les frais et risques de leur perception.

En 1845, le budget tunisien avait un actif de 15,000,000 seulement; c'est-à-dire qu'il en avait été perçu à peu près trente.

Les impôts se payent par tribus et par individus.

Les Arabes sont les plus indociles à payer.

Les Maures le sont moins : ils sont plus riches aussi; la plupart sont agriculteurs, commerçants, manufacturiers et employés dans les administrations publiques.

On est presque toujours obligé d'employer la force armée pour le recouvrement des impôts dans les tribus. Cette excursion pour les rentrées des contributions s'appelle *les campagnes du bey du camp*.

Le bey du camp, premier lieutenant général du souverain et héritier présomptif de la couronne de Tunis, parcourt chaque année toutes les provinces du royaume pour appuyer les gouverneurs dans la rentrée des impôts.

La cote personnelle est de 36 piastres (la piastre actuelle est de 80 centimes).

Les hommes vont la porter au caïd quand ils apprennent la prochaine arrivée du bey; mais comme ils n'en tirent pas de reçu, le caïd leur envoie des garnisaires, des chaoux, qui les forcent souvent à payer une seconde fois.

Ceci est malheureusement trop vrai dans la plupart des pays du Centre, du Sud et de l'Ouest, et nos possessions algériennes ont vu ces faits là se présenter fréquemment. Mais il est convenu que la vérité n'arrive jamais à l'oreille des souverains. Cette concussion est une des grandes calamités, la plus grande peut-être, des États orientaux.

Il n'y a cependant qu'une voix là-dessus.

Sans administration civile, il n'y a pas de nation possible.

Les monnaies tunisiennes les plus en usage sont les *piastres,* les *caroubes,* les *fez*.

La *piastre* valait dans l'origine 36 sous, le

France; mais l'alliage en étant devenu de plus en plus mauvais, elle n'en vaut plus aujourd'hui que 16. Ce sont des pièces blanches de la grandeur à peu près d'un écu de 3 francs d'autrefois, portant d'un côté le chiffre du Sultan et le millésime de l'hégyre, de l'autre un verset du Koran.

Il y a des piastres doubles et des demi-piastres. On rencontre beaucoup de ces monnaies fausses dans la circulation.

Le ou la *caroube* est une petite pièce blanche grande comme nos pièces de 20 centimes, mais plus mince. Elle ne vaut que 5 centimes; 16 caroubes forment une piastre.

Les *fez* ressemblent aux vieux kreutzers allemands, ou plutôt à ces vieilles monnaies antiques sur lesquelles on ne peut plus rien déchiffrer; ils sont de cuivre.

13 fez font 2 caroubes.

L'or de France et les guinées anglaises sont fort recherchées ainsi que les piastres d'Espagne; nos pièces de 5 francs en argent sont aussi très prisées; elles valent 6 piastres tunisiennes et 8 caroubes (5 fr. 20 c.).

L'INSTRUCTION PUBLIQUE.

En février 1846, le bey de Tunis, Ahmed, le régénérateur de la civilisation de ce pays, abolit l'esclavage dans ses États.

Cette mesure fut communiquée aux divers consuls dans un acte ainsi conçu :

« Dorénavant tout esclave de notre régence sera considéré comme libre, et nous ne le reconnaîtrons plus en bonne foi, comme propriété.

« Nous avons donné avis de cela à tous les gouverneurs de notre royaume de Tunis.

« Tout esclave qui entre dans nos domaines, soit par terre, soit par mer, sera immédiatement déclaré libre. »

A l'exemple du vice-roi d'Égypte, le bey de Tunis a fondé à Paris un établissement où douze jeunes Tunisiens sont entretenus à ses frais. De ce nombre, *six* suivent les cours de l'École Polytechnique pour se livrer ensuite à l'une des diverses sciences que l'on enseigne dans cette institution ; *trois* se consacrent à l'étude des langues d'Europe ; les *trois* autres suivent les cours de médecine et de chirurgie.

Leur séjour à Paris est de six années.

Qu'est-ce que douze élèves tous les six ans!
C'est six fois davantage qu'il faudrait en en-
voyer; car partout dans l'empire ottoman les
arts, les sciences, l'industrie, tout est immobi-
lisé par la routine. On n'y connaît qu'une chose,
l'usage, l'habitude, la tradition. Ce sera une
œuvre bien lente que le progrès, là où l'anti-
pathie naturelle pour les chrétiens se dresse
toujours comme un obstacle sur la route de la
civilisation.

Grâce au bon vouloir et à la puissante initiative du gouvernement, l'instruction élémentaire
fait de rapides progrès en Tunisie, et principalement dans la capitale.

Des écoles très-fréquentées et bien tenues ont
été établies depuis peu, et nous espérons que ce
royaume, si docile au progrès, sera bientôt,
sous le rapport de l'instruction, comme sous tous
les autres rapports, à la tête des puissances du
Nord de l'Afrique.

Il est accrédité dans Tunis que les Maures
conservent dans leur bibliothèque un ouvrage
écrit par Hagji-Hamouda-Abd-el-Aziz, lequel
est un compendium de l'histoire de Tunis depuis le débarquement de saint Louis, roi de

France, sur les rives de Carthage, jusqu'au règne d'Ali-Bey, dont l'auteur était premier ministre d'État.

En Orient, la médecine est un métier, une spéculation sur l'ignorance, la crédulité, la crainte et les autres mauvais sentiments. Le premier venu peut se faire passer pour médecin. Ils pullulent d'ailleurs, comme les mauvaises herbes.

L'usage à Tunis est que les médecins qui visitent leurs malades se fassent accompagner (quand ils sont Français) d'interprètes juifs parlant arabe.

Tous les médecins ont des pharmacies publiques.

Lorsque le souverain est rétabli d'une maladie, il est d'usage que tous les courtisans et les parents du prince fassent un cadeau au médecin qui l'a traité, — guérison qui vaut quelquefois à ce médecin de 30 à 40,000 francs. On dit même que le prince se fait présenter la liste des dons, et qu'il estime ainsi l'intérêt que l'on porte à sa conservation, d'après l'importance des sommes données à son médecin.

Les instruments de musique consistent en un tambour (à part les musiques militaires) formé d'un pot de terre, profond à peu près d'un pied, et recouvert d'un parchemin. On frappe sur cette peau avec les doigts, le revers de la main ou des baguettes, et cet instrument rend un son lugubre et sourd, mais bruyant.

Le théâtre à Tunis est (dans le quartier franc) une espèce de magasin voûté, peu vaste, mais arrangé aussi bien que le permet la disposition du local. Il s'y trouve un parterre et deux rangs de loges. Mais aucune troupe ne peut se soutenir à Tunis, non pas à cause du manque de recettes, elles sont au contraire fort abondantes, mais parce qu'il n'a jamais été possible à un directeur de conserver seulement huit jours une actrice, quelle qu'elle fût. De douze ans à soixante, belles ou laides, bonnes ou mauvaises, elles étaient aussitôt enlevées au public par quelque riche amateur de fruit nouveau. A peine arrivées, elles disparaissaient comme par enchantement.

LE COMMERCE.

LES BAZARS.

Les bazars sont nombreux, mais pour la plupart sombres et mesquins, sauf celui du Bey.

honorable exception, de construction moderne, bien pavé et orné d'élégants édifices.

Situés au centre de Tunis, ils forment une espèce de ville à part, dans la ville même, et ils offrent à peu près le même coup d'œil que nos passages des villes d'Europe.

Chaque rue est consacrée à un genre d'industrie ou à une branche de commerce différents.

Les boutiques sont généralement toutes petites ; un comptoir en barre l'entrée, l'acheteur reste en dehors. Le marchand est étendu sur un tapis ou assis, les jambes croisées, sur son comptoir.

Les baraques en planches que l'on construit dans nos villes à l'époque des foires, et qui se garnissent d'industriels de toutes sortes, vous représentent tout à fait l'aspect et la tenue d'un bazar africain.

Telle rue d'un bazar est affectée aux fabricants de housses et de tout ce qui tient à l'équipement du cheval. Vous trouvez là des broderies magnifiques, or sur velours, argent sur pourpre, ouvrages dans lesquels le Tunisien excelle.

Ailleurs, vous ne voyez que babouches de toutes couleurs, de toutes formes et de différentes valeurs, depuis les babouches brodées soie et or, jusqu'aux plus simples. Celles des femmes sont remarquables par la bizarrerie de leurs dessins.

Ensuite, ce sont les marchands de parfumerie. Point n'est besoin de voir clair pour les trouver, à moins d'être enrhumé du cerveau, et encore ! Les essences de roses, et celles de jasmins surtout qui se distillent à Tunis, sont de beaucoup supérieures à celles de Constantinople ; elles valent plus du double.

Dans le bazar des marchands d'habillements, chaque effet a sa rue spéciale. Ici rien que des burnous, là rien que des haïks (1) et des ceintures de soie ; de ce côté des toiles de coton blanches ; de cet autre côté des indiennes imprimées ; à droite des draps d'or et d'argent ; à gauche des tissus en poils de chameau.

Il y a la rue des drapiers, celle des marchands de flanelle, celle des cachemires, celle des chemisiers.

La confection des chechias occupe une dizaine de passages dont un est affecté à la seule vente de cet objet de coiffure.

(1) Sortes d'écharpes dans lesquelles les hommes et les femmes s'enveloppent presque entièrement.

On trouve successivement les armuriers, les bijoutiers, les spécialistes de sabres, ceux de poignards, ceux de yatagans, les marchands de bric-à-brac, de vieilles armes ; quincailliers, épiciers, fabricants de coffres, d'éventails, de turbans, de tapis, de rosaires, de bourses, de pipes, de chapeaux de paille, etc., etc.

Tous ces marchands sont fort proprement vêtus, affables et engageants. Leurs mains sont en général fort blanches et ils paraissent en avoir un soin tout particulier.

LES CAFÉS.

Dans presque chaque rue se trouvent des cafés, dits reposoirs. On y voit des Turcs et des Maures gravement occupés à ne rien faire ; les uns hument à de longs intervalles une gorgée de café, les autres aspirent une bouffée de tabac, quelques-uns égrennent un chapelet, histoire de se persuader qu'ils sont occupés à quelque chose.

Les cafés maures sont de grandes salles autour desquelles règnent des banquettes recouvertes de nattes et de tapis, trop élevées pour qu'on puisse s'y asseoir sans laisser pendre ses jambes et sur lesquelles on est obligé de se placer à la manière des tailleurs. Au centre de cette salle est un enfoncement entouré d'une balustrade pour la musique qui vient s'y faire entendre tous les soirs. Quelques cages d'oiseaux complètent l'ornementation. Les habitués y fument et y jouent aux échecs sans prononcer une seule parole.

Le café qu'on y sert ne ressemble en rien du tout à celui que l'on consomme en Europe. C'est à ne pas croire que c'est le produit de la même plante, aussi l'appelle-t-on *café maure*.

Le maître du café sert lui-même ses hôtes, infidèles ou croyants, avec un grand respect, et leur offre une pipe chargée, en s'inclinant profondément, une main sur la poitrine.

Cette manière de saluer, en usage dans tout l'Orient, se traduit ainsi :

« Je suis ton serviteur très-humble, ma tête « est à toi, coupe-la si ça peut te faire plaisir. »

Ce n'est pas plus ridicule que les formules insensées que nous nous croyons obligés de mettre à la fin de toutes nos lettres, et où il est parlé de la *haute considération* et du *profond respect* avec lesquels on a *l'honneur* d'être le *très-humble* et *très-obéissant serviteur,* d'un quelqu'un que souvent l'on connaît à peine et que quelquefois même on méprise.

Dans le quartier franc, il y a quelques cafés européens, avec billards, assez proprement tenus par des Grecs. Celui de la Minerve est le plus fréquenté. Il sert de Bourse. Les juifs s'y rencontrent en majorité.

Le café et l'orgeat (1) sont les boissons dont on fait la plus grande consommation. On y trouve aussi de l'absinthe, de la bière de France, des liqueurs, etc....

LE QUARTIER DE REFUGE.

Il y a à Tunis une espèce de faubourg non pavé, très-populeux, mais dont l'aspect est fort misérable. Cependant les habitations y sont fort recherchées, grâce au privilége dont il jouit. Ce quartier est un lieu de refuge pour les mauvais débiteurs et les banqueroutiers. Ni créanciers, ni employés de police, ni hommes de justice n'y mettent les pieds.

Après avoir dépassé une petite porte qui en

(1) En général tous les sirops.

est la limite, un banqueroutier se trouve en pleine liberté : il n'a personne ni rien à craindre tant qu'il reste dans cette enceinte.

L'EAU.

A Tunis, l'eau est généralement de mauvaise qualité.

En été, la ville basse en est complétement dépourvue; on est obligé de l'acheter. L'aqueduc n'en fournit qu'à la ville haute. C'est là que les marchands d'eau vont emplir leurs outres qu'ils chargent sur des chameaux et apportent au quartier franc.

Les outres sont sales extérieurement et frottées d'huile. Comme elles sont attachées aux flancs de l'animal, elles tiennent exactement toute la largeur des rues qui sont fort étroites.

Le passant qui les rencontre, s'il veut éviter d'être sali ou renversé, se voit forcé de se réfugier dans une porte s'il en trouve d'ouverte; ou de rebrousser chemin, car le chameau ne connaît pas d'obtsacles. Au printemps, ils deviennent même si méchants qu'on est obligé de les museler.

Leurs conducteurs, les marchands d'eau, les suivent en criant : Harra ! harra !

MONUMENTS RELIGIEUX.

Il y a à Tunis, un couvent de capucins et une église y adjacente.

L'extérieur du couvent a l'apparence d'une maison bourgeoise. L'intérieur de l'église est simple mais vaste ; il est entièrement garni de bancs.

On y trouve aussi :

Une chapelle pour le rite grec schismatique ;

Une chapelle protestante pour les anglicans ;

Et plusieurs synagogues pour les juifs.

En outre : un couvent de religieuses qui est en même temps un pensionnat pour les jeunes personnes.

LES COSTUMES.

Les costumes que l'on voit dans les rues sont plus variés que riches.

Les sherifs, — qui prétendent tous descendre de Mahomet, par Fatime, sa fille, femme d'Ali, — portent le turban vert.

Ainsi que les émirs, — qui font tous aussi remonter leur origine au Prophète.

On en rencontre de ces descendants, dans toutes les classes, même les plus misérables.

Un turban rouge indique que l'on a fait une fois au moins le pèlerinage de la Mecque.

Les Grecs, de Tunis spécialement, se font remarquer par la propreté et l'élégance de leur costume ; car dans les autres ports de la Méditerranée on n'a pas souvent ce compliment à leur faire.

Les juifs indigènes aisés sont bien et proprement vêtus. Ils sont aussi d'une plus belle nature, au physique, qu'en Europe. Leurs vêtements diffèrent peu de ceux des Mahométans ; seulement les couleurs riches, claires, leur sont interdites.

Les Bédouins sont sales et misérables.

Le burnous est porté par tout le monde.

Les robes de chambre turques sont pour la plupart d'étoffe mi-soie, mi-laine. Pour la forme, elles participent de la tunique et du paletot. Ornées de broderies de soie sur toutes les coutures, et de brandebourgs à glands d'or ou de corail, elles sont doublées de soie de couleur éclatante, et munies d'un capuchon. C'est un vêtement très-commode mais très-cher. Le prix ordinaire est de 300 à 400 piastres (240 à 320 francs), mais les belles sont beaucoup plus cher.

Les robes de chambre d'été sont faites d'une espèce de gaze blanche, élégamment brodée et coûtent peu de chose.

HABITATIONS.

Un usage adopté dans toute les maisons un peu aisées est celui qui consiste à tendre, en été, au-dessus de la cour intérieure une immense toile qui la couvre entièrement et préserve les habitants de l'ardeur du soleil et des indiscrétions des voisins. Cette partie de la maison devient alors le lieu de réunion de tous les membres de la famille ; ils s'y tiennent toute la journée, y reçoivent les visites et y prennent leurs repas.

IDIOMES.

L'arabe est la langue de la Tunisie comme elle est la langue de nos possessions algériennes ;

mais chaque race parle son idiome. Ainsi l'on entend en Tunisie, du turc, du kabyle et de l'hébreu (si toutefois l'on admet que les Juifs parlent l'hébreu).

Seulement la plupart des Turcs, et presque tous les Juifs, parlent arabe.

Il est bien entendu que nous ne parlons ici que de la population indigène.

LES DRAGOMANS ou DROGMANS

Les drogmans sont des personnages importants dans les États barbaresques.

A Tunis, le bey assigne quelques-uns de ces interprètes à chaque consulat.

Ils portent un uniforme particulier : habit bleu foncé, collet bleu-ciel et la chechia.

Leurs personnes sont sacrées et inviolables.

Les attaquer ou les insulter est considéré comme une attaque ou une insulte faite, et au bey dont ils portent la livrée, et au consulat auquel ils sont attachés.

Ce sont presque toujours, — naturellement, — des Juifs et des Grecs renégats, qui occupent ces fonctions.

ALIMENTS.

LE KUSKUS OU COUSCOUSSOU.

Le kuskus est le met du pays africain par excellence.

Naples a le macaroni, l'Allemagne a la choucroute et la soupe à la bière, l'Angleterre le rosbeef et la soupe à la tortue, Rome les fegatelli, le Nord de l'Italie la polenta et les ravioli, l'Espagne l'olla podrida, Marseille la bouillabaisse, etc.; la terre d'Afrique a le kuskus.

Le kuskus ou couscoussou consiste en une pâte qui ressemble à la semoule,—du riz broyé; —on y ajoute, suivant la saison, de petits chardons ou de gros pois, ou des fèves, des choux, en un mot toute sorte de légumes verts ou secs; puis aussi des viandes de poulets désossés, des œufs durs, et principalement du mouton bouilli, etc., etc., etc.

Ce mélange doit cuire très-lentement, et il est extrêmement nourrissant.

Un captif, dans les royaumes de Fez et de Maroc, a donné, il y a déjà bien longtemps, la description détaillée de ce mets.

(Se reporter aux œuvres de Rabelais, édition
d'Amsterdam, 1711, note 9 du chapitre XXXVII
du livre Ier).

DANSES.

Dans les cafés, dans les réunions particu-
lières, se présentent de ces troupes composées
de sept personnes : quatre hommes et trois femmes ; tous Juifs, et dans la plus dégradante misère, en apparence, du moins.

Voici comment les choses se passent :

Un des quatre hommes gratte une espèce de
mandoline, le second frappe un tambour de bas-
que, le troisième râcle d'une espèce de petit vio-
lon à deux cordes, et le quatrième...:. le quatrième n'a pas d'instrument ; c'est le personnage
important de la bande, l'interprète, le... proxé-
nète.

Une jeune fille de quatorze à quinze ans s'a-
vance pour danser.

Une très-grosse femme chante un rhythme monotone et lugubre d'une voix impossible, en
marquant la mesure au moyen de coups frappés
sur un vase de terre recouvert d'une peau.

La troisième femme, non moins grasse et grosse que la seconde, s'accroupit et ne fait rien.

La musique est pitoyable; la danse commence. Cet exercice n'a qu'un but: exciter la générosité des spectateurs par le déhanché des mouvements et l'indécence des postures.

La pauvre fille, aux jambes nues, aux ongles noirs de malpropreté, aux seins pendants et ballottants sous la gaze éraillée de sa tunique effilochée, la figure hébétée, les pieds plus longs encore que des pieds d'Anglaises, entre bientôt en transpiration; la sueur coule de son corps, et elle se dépouille tour à tour de tous ses vêtements.

Alors commence le rôle de l'homme qui ne faisait rien jusqu'alors.

D'ordinaire, une heure ou deux après le début de ce divertissement, hommes et femmes sont tous ivres.

C'est ainsi que l'on s'amuse en Orient et dans le Nord de l'Afrique.

A Paris, à Londres, en Belgique, en Hollande, en Allemagne, à la danseuse près, nous avons pu constater qu'on s'amusait aussi de la même manière.

QUATRIÈME PARTIE

<hr>

LA POPULATION

Considérée sous le rapport de l'origine, de laquelle résulte une différence radicale de mœurs, la population indigène de la Tunisie se divise en six races qui sont :

Les Kabyles ou Berbères,

Les Arabes,

Les Maures,

Les Koulouglis,

Les Juifs,

Et les Nègres.

Les Berbères et l'Arabe sont les deux éléments fondamentaux ; les autres sont secondaires.

17

LES NÈGRES.

Cette partie assez importante de la population, se compose d'anciens esclaves et fils d'esclaves qui ont multiplié dans le pays.

En 1846, le Bey avait proclamé l'indépendance des Nègres en rendant libres tous les esclaves, sans indemnité pour les propriétaires, — les ressources de l'État ne le permettant pas.

Le sort des Nègres ne changeait pas pour cela, mais le principe était consacré, car leur existence était assurément plus heureuse que celle de la plupart des ouvriers, des paysans e^t des domestiques d'Europe. Tous d'ailleurs, à la suite de l'édit, ont continué de rester chez leurs maîtres; le préjugé de la couleur n'a jamais existé chez l'Arabe qui, grâce à la polygamie, s'allie sans scrupule aux négresses.

Aussi voit-on souvent dans les tribus des mulâtres de toute nuance, même dans les dignités du commandement.

Les noirs pur sang travaillent à la terre dans les campagnes et sont manœuvres dans les villes.

Le métier qu'ils affectionnent plus particulièrement est celui de badigeonneur en bâtiments.

Ils sont réputés bons travailleurs.

LES JUIFS.

Lorsqu'une politique insensée chassa d'Espagne et de Portugal deux cent mille Israélites,
ils cherchèrent en Barbarie une tolérance qui leur
était refusée auprès des catholiques.

Ils rencontrèrent à Fez, Alger, Tunis, Tripoli,
de leurs coreligionnaires venus de Judée et d'É-
gypte, et s'installèrent près d'eux.

Le traitement que les musulmans leur firent
subir fut horrible pendant longtemps, et maintenant encore ils sont traités avec insolence et
mépris.

Les musulmans n'ont jamais pardonné à Na-
poléon Ier d'avoir, le premier, donné aux Juifs
le rang de citoyens.

Ce n'est pas la religion chrétienne qui est
uniquement l'objet de la haine des musulmans
pour les Européens, c'est autant, et même davantage peut-être, l'activité, l'intelligence, la
volonté, la force qu'ils nous reconnaissent, sans

compter l'appréhension de nous voir dans l'a-
venir maîtres chez eux.

De là probablement cette loi qui ne nous
permet pas plus qu'aux Juifs d'être propriétaires
chez eux, de paver les rues des quartiers francs
et d'y bâtir.

Il y a dans la Régence environ cinquante
mille juifs. La plus grande partie réside à
Tunis.

Malgré l'oppression dans laquelle ils vivent,
ils jouissent cependant d'une certaine influence :

Ils sont à la tête des douanes,

Ils afferment les revenus publics,

Ainsi que l'exportation de certaines denrées.

La monnaie est soumise à leur contrôle ;

Ils règlent la valeur de l'argent ;

Ils ont la garde des diamants et des bijoux
du Bey, ils lui servent souvent de trésoriers.

Le peu d'arts, de sciences et de médecine que
l'on rencontre dans la Régence est dû aux Israélites.

Il y en a de prodigieusement riches.

On leur reproche, comme partout, de faire
l'usure, de ne se point livrer à l'agriculture, de
vivre du travail d'autrui ; on flétrit leur indélica-
tesse en matière de bénéfice dans les transac-

tions, sans songer qu'ils ne peuvent posséder la moindre parcelle du sol.

Cependant, malgré la réprobation et la persécution générales auxquelles ils ont été souvent en butte, ils n'ont cessé, à travers tant de siècles, de conserver leur nationalité.

Répandus sur toute la surface du globe, soumis aux diverses lois des différents pays, les Israélites n'ont abandonné ni renié leurs mœurs, ni leur religion, ni leurs coutumes.

Ils offrent deux types qui contrastent singulièrement : l'un remarquable de beauté, l'autre de la plus vulgaire expression.

Partout ils obéissent à la loi de leur destinée qui est :

Le commerce entre les peuples, les races, les classes,

Et la conservation et la diffusion du capital.

Spoliés, opprimés, méprisés, ces agents universels des échanges sont les instruments universels du bien-être général.

Ils pratiquent le trafic, depuis le colportage des objets de mercerie dans les rues et les villages, jusqu'aux grandes fournitures des administrations.

Leur remarquable aptitude à apprendre

toutes les langues facilite surtout leur mission commerciale.

LES KOULOUGLIS

Sont des métis de Turcs et de femmes indigènes.

Il ne reste que très-peu de Turcs véritables ; la race va diminuant de jour en jour.

LES MAURES.

Ils habitent les villes, principalement les villes du littoral. Commerçants et industriels, ils possèdent et font cultiver des biens de campagne.

Remarquables par la beauté des traits, l'élégance et l'ampleur de la démarche, du costumes et des manières, ils ont en général, la peau plus blanche, le visage plus plein, le nez moins aigu, le profil moins anguleux, le poil plus fin, et tous les traits de la physionomie moins accentués que les Arabes.

D'une nature indolente et paresseuse, ils

aiment par dessus tout la tranquillité et le *far niente*. La turbulence leur fait horreur, le travail leur répugne.

Leur existence s'écoule dans une perpétuelle extase, une espèce de demi-sommeil auquel ils se prêtent avec bonheur de toute leur volonté ; ils vivent en dedans.

Ils montent à cheval par le côté droit, et ils écrivent de droite à gauche.

Ils se rasent les cheveux et laissent croître leur barbe ;

S'asseyent sur leurs jambes croisées ;

Mangent le pain chaud et la viande froide, sans fourchette ni couteau ; mettent la nappe non sur la table, mais autour, où alors elle sert de serviette pour la bouche et les doigts.

Pour saluer, au lieu de se découvrir la tête, ils se déchaussent.

LES BERBÈRES.

Depuis le Maghreb (Maroc et Océan atlantique) jusqu'à Tripoli, et même jusqu'à Alexandrie, — depuis la Méditerranée jusqu'aux déserts sahariens et aux pays des Noirs, toute cette région, dès une époque dont on ne connaît ni les événements antérieurs ni même le commencement, a été habitée par la race berbère.

Ils s'appelaient jadis :

Lybiens dans l'Est ;
Maures dans l'Ouest;
Numides au centre ;
Gétules au Sud ;
Garamantes dans le désert.

Ils s'appellent aujourd'hui :

Kabyles, quand ils habitent les montagnes du littoral ;
Chaouias, dans les montagnes de l'intérieur ;
Mzabites, dans les oasis du Sud ;
Touaregs, dans le désert proprement dit ;
Amazigh (hommes libres), au Maroc.

C'est la race autochthone, ou de première émigration, qui a peuplé le pays aux temps anté-historiques et qui a survécu dans toute l'Afrique septentrionale aux révolutions politiques, sociales et religieuses.

Le Kabyle est industriel ; forgeron, maçon, armurier, monnayeur (et même faux-monnayeur) ; il aime surtout à façonner le métal.

Il a le don de l'imitation, l'aptitude des doigts et des mains, — héritage de race, — il est dans son pays le mécanicien de l'avenir.

En Afrique, il est ce que le Savoyard et l'Auvergnat sont à la France.

Quand la terre natale ne peut suffire à faire vivre tous ses fils, quelque enfant de la maison émigre pour une saison, et quelquefois pour des années. Il descend dans la plaine et loue ses bras pour la récolte ; il pénètre dans les villes et devient manœuvre ; grossissant par une sobriété à toute épreuve, par un labeur incessant, par la plus rigoureuse épargne, avec une honnêteté proverbiale, le petit trésor qui lui permettra de revenir un jour au village natal, d'acheter un fusil, une femme, une maison et un champ ou un jardin.

Quant au cheval, il s'en passe.

Le Kabyle est fils de la montagne ; il va à pied.

Le Berbère (Kabyle, Chaouia, Mzabite, Touareg ou Amazigh) est brave, hospitalier, fidèle aux promesses, patient, honnête, doux de caractère, et respectueux pour la vieillesse, charitable, cordial, mais par dessus tout amoureux de la liberté, de l'indépendance; toutes qualités qui le placent au premier rang parmi les nations africaines.

L'ARABE.

L'Arabe est fils de la plaine.

L'Arabe est essentiellement cavalier.

Amené en Afrique par la conquête, dès le septième siècle de notre ère, par les alliances avec la race berbère, par la nature du sol, il est arrivé à présenter une certaine ressemblance physique avec le Kabyle, mais du côté du moral l'assimilation n'a jamais pu avoir lieu, où tout au moins d'une manière sensible.

L'Arabe des landes du Sahara, moins encore que celui des terres. Il a conservé dans toute son intégralité son type physique et moral; ennemi né de tout travail, brutal avec les femmes dont il fait des femelles et des esclaves, amoureux des chevaux, des courses, des fêtes, en un mot de la *Fantasia*.

Les historiens arabes donnent ainsi l'origine de leur race qui, selon leur croyance, peupla le monde.

Dans l'origine, il y eut les *Arabes purs* ou *Arabes arabisants*.

Puis vinrent les *Arabes arabisés* qui peuplèrent l'Yemen, l'Assyrie, Mosul, Ninive ; formèrent les Coptes d'Égypte, les Juifs d'Israël et de Jérusalem, les Samaritains, les Persans des premières dynasties, les Grecs et tout l'empire d'Alexandre, et enfin les Romains.

Ensuite vinrent les *Arabes successeurs des Arabes* qui produisirent les Musulmans, les Maures, les Turcs, etc.

Enfin les *Arabes barbarisants* ou *Berbères*.

La race arabe, barbare par nature (comme certains animaux sont cruels et indomptables), est indisciplinable.

Elle ne progressera jamais plus en civilisation qu'on ne parviendra à assouplir et apprivoiser les tigres.

Il faudra de toute nécessité qu'à un temps donné elle disparaisse.

Il faudrait la repousser dans les steppes ou l'anéantir, — selon le sentiment d'Abd-el-Kader au sujet de ces égorgeurs, cœurs dénaturés, sans conscience, sans point d'honneur, et aux yeux de qui les actes de clémence, de philanthropie et d'humanité ne sont que des actes de faiblesse et d'impuissance.

Et Abd-el-Kader les connaissait à fond !!!

Versatiles, incapables de persévérance, violant à tout instant, promesses et serments, on n'a rien à attendre de bon d'une pareille race d'hommes.

Leurs tribus sont organisées aristocratiquement ; l'adhésion de l'aristocratie locale entraîne aussitôt l'adhésion de la population entière, pour une révolte (1), comme pour un coup de main de brigandage ou d'assassinat.

Les Berbères, au contraire, sont constitués démocratiquement, et les décisions sont toujours prises dans des assemblées générales où les diverses tribus envoient un représentant de leur choix.

Cela explique comment les Berbères finiront par faire progresser l'humanité, le commerce, les arts, les sciences et l'industrie, à la longue, en dépit de la résistance des Arabes.

Les Arabes habitent sous des tentes.

Ils dorment sur le sol, leur burnous leur sert de matelas, d'oreiller et de couverture.

Quelques onces de pain, quelques cuillerées

(1) La dernière, celle de 1874, est encore présente à tous les esprits.

de farine délayées dans de l'eau ou dans de l'huile, — l'huile surtout est un régal délicieux pour leur palais, fût-elle âcre, nauséabonde et infecte, comme elle l'est d'ordinaire, attendu qu'ils ne possèdent aucun moyen d'épuration,— quelques tasses de café, d'eau ou de lait, telle est leur nourriture ordinaire.

Cette alimentation leur sufit.

Ce n'est point sobriété, frugalité, vertu, c'est paresse.

Plutôt toute sorte de privations que des aises achetées au prix du travail.

Donnez-leur, gratis, des aliments à leur goût et à discrétion, ils en engloutissent des quantités effrayantes.

Mangeant peu, travaillant moins encore, insouciants à l'excès, superstitieux, fatalistes, ils offrent peu de prise aux maladies, résistent facilement à la douleur et aux privations, à cause du peu d'irritabilité de leur système nerveux. Cependant ils ont la fibre lacrymale fort sensible et ils pleurent avec une étonnante facilité.

Les maladies ne se perpétuent pas parmi eux, par voie d'hérédité, comme chez les peuples d'Europe ; en cela ils leur sont supérieurs.

L'enfant né phthisique, malingre, rachitique,

scrofuleux, ne manque pas de succomber, grâce aux privations et au manque de soins, avant d'atteindre l'âge nubile.

En Europe, de tels enfants sont entourés de médecins et de soins assidus, on fait tout pour prolonger leur existence ; alors ils se marient et procréent des enfants qui perpétuent et amplifient encore leurs maladies incurables.

L'état social des Arabes fait que cette nation est plus saine au physique que les nations civilisées.

L'individu y perd, — la population n'ayant aucune tendance à augmenter.

Mais la race y gagne, — ce qui l'empêche d'être absorbée et de disparaître.

Leurs maladies sont, pour la plupart, cutanées.

L'*éléphantiasis*, une horrible lèpre, est le plus terrible et le plus affreux de leurs maux.

Comme remèdes, ils s'appliquent des amulettes sur la partie affectée.

Cependant, ils ont nos médecins en haute estime, mais leur avarice est si grande qu'ils préfèrent souffrir, et même mourir à les rétribuer. Ils se consolent en se disant : c'est écrit.

L'impuissance seule, quand elle les atteint

avant l'âge, fait taire leur avarice, et il n'est pas
de sacrifices qu'ils ne soient disposés à faire
pour la combattre.

En général, les Arabes ont une force vitale
supérieure à celle des Européens; les Berbères
aussi. Soumis aux mêmes traitements, ils gué-
rissent plus vite ; exposés aux mêmes influences
délétères, ils résistent plus longtemps, et souvent même ne sont pas victimes.

Comme les Maures, ils croient à la magie et
aux sorciers.

Malgré leurs fréquentes ablutions, leur cir-
concision et leurs bains d'eau ou de vapeur,
ils sont toujours généralement fort sales et
puants.

Fanatiques au suprême degré, pillards, pleins
de préjugés, de la plus crasse ignorance, s'épou-
vantant volontiers de l'avenir, cupides, voleurs,
paresseux avec délices, égoïstes, fourbes, indis-
ciplinables, inhumains, cruels, impitoyables au
malheur du prochain, ce sont, non pas des
hommes, mais des espèces d'animaux enchaînés
qui se laissent battre ou caresser par le dompteur,
mais qui s'élancent sur lui si on a seulement
l'air de les craindre ou si on les rend libres.

En un mot, c'est la vermine rongeante de ce

sol, dont les naturels n'ont jamais pu purger leur pays.

Malgré tant et de si grands vices et défauts, il faut leur rendre cette justice qu'ils sont très-hospitaliers. Ce serait leur faire injure de leur offrir de l'argent en paiement du logement ou des provisions qu'ils vous fournissent. Cependant, ils acceptent volontiers de petits cadeaux; la poudre de chasse surtout leur fait grand plaisir.

Un moyen infaillible pour être bien venu chez les Arabes de l'intérieur et pour obtenir tout de suite une grande considération, c'est de leur conter des histoires. Plus le récit est lubrique et graveleux, plus les mots sont épicés, plus les situations sont libidineuses, plus ils sont dans le ravissement.

« Ta bouche est douce, le miel coule de tes lèvres, » vous disent-ils.

Si vous arrivez à lâcher une expression qui ferait rougir un sourd, ils trépignent de bonheur et vous serrent dans leurs bras.

Lorsque les Arabes campent, leurs tentes sont disposées en cercle, — les chameaux et autres bestiaux occupent le centre.

Toute la famille couche pêle-mêle; les mœurs

sont extrêmement relâchées et l'inceste y est pour ainsi dire passé en habitude.

Les enfants de six à sept ans, frères et sœurs, commettent les actes les plus indécents sous les yeux mêmes de leurs parents qui en rient et ne s'y opposent nullement, tant la chose leur paraît naturelle et inévitable.

Tels sont les résultats de la dégoûtante promiscuité dans laquelle ils vivent.

LES FEMMES.

Montrez-moi dans quelle condition se trouve *la femme* chez un peuple, —dit dans ses Œuvres le commandant Charles Richard, ancien chef des affaires arabes d'Orléans-Ville, — et je vous dirai où en est celui-ci, en lumières et en progrès.

A peuple abruti, femme dégradée.

Le Cafre qui veut se marier guette la jeune fille qu'il convoite au détour de quelque sentier de forêt, l'assomme d'un coup de massue et l'emporte. Si elle meurt de cette brutalité ou de ses suites, il jette son cadavre à l'eau ; si elle en réchappe, il en fait sa femme... et quelle femme !

Le Chinois casse les pieds à la sienne et trouve moyen de lui faire accepter cette infirmité comme une indispensable beauté. C'est sa manière de compter sur la fidélité de son épouse.

Le Musulman, lui, achète la sienne comme il achète du bétail, la traite comme une bête de somme, en tire tout le travail manuel possible à l'aide du bâton — seule raison en matière d'association conjugale, — et la parque en compagnie de ses autres femmes autant abruties (1).

Sans parler de la position sociale que la femme occupe en Europe et particulièrement en France, position toute d'égalité, nous concluons que, dans la création, l'homme et la femme sont comme les deux branches de niveau d'un même syphon : que l'un monte ou descende, l'autre le suit.

Il n'y a, chez les Arabes et les Maures, aucun

(1) Nous ne parlons pas ici des Musulmans lettrés et vivant en contact avec les Européens.

Nous avons pu nous assurer que ces derniers sont très-doux dans leurs rapports avec leurs femmes, et que s'ils ne les traitent point comme nous traitons les nôtres, c'est que leurs mœurs et les conditions d'éducation des Musulmanes ne le permettent pas.

établissement d'instruction publique, ni d'éducation particulière pour les femmes.

Abandonnées à la nature et à l'oisiveté, elles ne savent rien, elles ne font rien.

Le rôle qui leur est dévolu en Orient est si passif, qu'on pourrait dire qu'il se borne à faire des enfants.

LES MAURESQUES.

Les Mauresques ont un fort beau teint, dont elles prennent le plus grand soin. Leur peau est blanche et le visage est légèrement rosé. Yeux grands et animés, sourcils noirs bien arqués, cils longs et recourbés en dehors, traits réguliers, stature petite, corps bien proportionné dans tous ses détails et généralement très-potelé, — tel est le portrait qu'en ont tour à tour tracé tous les voyageurs des deux sexes qui ont voulu peindre la femme maure.

L'embonpoint est admis chez elles comme un élément indispensable de la beauté ; cette opinion prévaut d'ailleurs chez toutes les Orientales.

Aussi font-elles tout ce qu'elles peuvent pour engraisser.

Pendant les quelques heures que chaque jour elles passent aux bains de vapeur (une de leurs principales distractions), elles se bourrent de couscoussou, de riz au gras et autres pâtisseries très-nourrissantes.

Ces pâtisseries sont faites avec du *droh,* espèce de millet blanc qui sert à engraiser les bestiaux et qui prospère très-bien en Tunisie, surtout dans la presqu'île du cap Bon.

Grâce à lui, la femme peut arriver à acquérir un embonpoint excessif.

Ainsi, lorsqu'une jeune fille est à marier, les parents, pour accroître ses charmes, la condamnent à un repos absolu et à une absorption continue de bouillie de droh.

Maure, Arabe, Turque, Juive ou Berbère, la beauté s'estime au poids. Plus la jeune fille pèse, plus elle vaut.

Le costume des Mauresques, des Juives (et même des Arabes et des Berbères, mais le cas est plus rare), quand elles sont riches, est fort joli et souvent magnifique.

Elles gardent nus les pieds jusqu'à la cheville, et les bras jusqu'à l'épaule, portent des pantalons de soie de couleur vive, unie ou lamée d'or et broché de fleurs, et presque ajustés, descendant jusqu'au maléole où ils sont fixés et retenus par un bracelet d'or ciselé ou filigrané.

Leurs pantoufles sont brodées d'or ou d'argent, de soie et de perles ou de corail, et elles couvrent à peine les orteils. Comme elles n'ont pas de quartiers qui les maintienne au talon, quand la femme marche elle est obligée de retenir sa chaussure par la contraction du gros orteil.

Les femmes d'une classe au-dessus de la plèbe ne sortent jamais de chez elles, si ce n'est pour aller à la campagne, et alors dans des voitures hermétiquement fermées.

Dans léur intérieur, le costume des fèmmes de la classe moyenne et au-dessous consiste en une étoffe de laine qui pend, par devant et par derrière jusqu'aux genoux, attachée sur les épaules, ouverte sur les côtés et froncée à la taille par une ceinture. Juives et Arabes portent aussi ce costume.

Chez les Arabes de l'intérieur et du désert, les filles vont complétement nues jusqu'à douze ou treize ans.

A la ville, les femmes des basses classes, Mauresques ou Arabes, vont quelquefois dans les rues enveloppées comme des paquets qui marcheraient; elles portent des bas qui tombent en vis sur les talons quoiqu'ils semblent vouloir être retenus par des bandelettes de couleur.

Les plus pauvres et celles qui appartiennent aux tribus arabes nomades sortent sans voile, et, à vrai dire, elles n'ont pas grand chose à cacher, ou mieux rien de beau à montrer, à peu d'exception près, — surtout les femmes des environs de Tunis, car il paraît que celles de l'intérieur et du Sud possèdent une beauté véritable.

Quant à la coutume qu'elles ont de se peindre les sourcils et de les réunir en un seul arc, de se noircir, de se rougir ou de se jaunir les ongles, il paraît que l'on s'y fait bientôt; question d'habitude.

Les femmes n'étant pas admises dans la société des hommes, vivent entre elles et se visitent quelquefois.

Maintenant, depuis une vingtaine d'années, les dames mauresques reçoivent, mais sans la leur rendre, la visite de dames françaises. Elles prennent même grand plaisir à ces visites qui leur permettent d'examiner tous les détails de toilettes de leurs visiteuses et en même temps de leur montrer leurs riches étoffes et leurs bijoux.

Les Maures peuvent avoir quatre femmes légitimes d'après leur code religieux.

Lorsqu'on marie une jeune fille, l'épouseur ne peut la voir qu'après la cérémonie du mariage. Cet usage peut avoir des inconvénients, mais ils sont, en tous cas, moindres qu'on ne peut le supposer, car chez les Musulmans le mariage n'est qu'un contrat civil qui peut se rompre à la volonté du mari.

Le mari ne peut coucher avec sa femme que le troisième jour après la cérémonie du mariage; cependant, la première nuit, il a droit à un tête-à-tête d'une demi-heure, temps qui doit suffire à la prise de possession.

Aussi les femmes sont, dans ces pays, tellement habituées à ne se considérer que comme destinées à un seul usage, qu'il leur paraît tout naturel, lorsque le mari ne les enferme pas, de se prêter aux désirs des autres.

Une singularité qui ne doit pas être passée sous silence, c'est l'usage que les femmes, en Tunisie, font du tabac en poudre des manufactures françaises. Ce serait à mettre en doute si le fait n'avait été consigné dans la *Revue d'Orient,* mai 1844.

Empruntons au latin une explication difficile à rédiger pudiquement en français.

« *Cum hoc pulvere sibi clitoridem lenitu laces-sunt, et libidinosam afferunt delectationem.* »

LE DEMI-MONDE ET LE MONDE DES FILLES FOLLES A TUNIS.

Il y a, à Tunis, un nombre considérable de filles publiques. Elles occupent des rues entières ; mais elles sont exclusivement réservées aux plaisirs des fidèles croyants.

Une de ces femmes qui serait convaincue de commerce avec un chrétien paierait sa faute de sa vie, impitoyablement.

Un Franc qui se hasarderait de jour dans une de ces rues serait aussitôt en butte aux plus grossières insultes ; de nuit, il courrait risque d'être assommé.

Cependant, grâce aux courtiers en libertinage, qui sont très-communs à Tunis et se recrutent parmi les Juifs (il n'y a pas de sots métiers !!!), les Européens ne chôment pas de femmes complaisantes.

Indépendamment des malheureuses négresses, qui occupent le dernier échelon de cette échelle de misère et d'avilissement, les Juives des classes pauvres font toutes cet infâme métier.

Elles commencent de très-bonne heure, à dix ans, souvent plus tôt encore, et finissent le plus tard possible; quand elles ne peuvent plus être marmite, elles se font couvercles.

En général ces Juives sont belles, leurs traits sont réguliers, leurs yeux, leurs cheveux sont magnifiques. Leur teint est un peu plus brun que celui des Mauresques, et elles prennent aussi très-vite cet embonpoint qui les rend lourdes et disgracieuses.

Leur costume est très-pittoresque; la soie et le clinquant y jouent le principal rôle. Elles portent d'énormes anneaux d'argent, et même d'or au-dessus du pied. Une ceinture de même métal emprisonne leur taille; et leurs cheveux, nattés de fils d'or ou d'argent, pendent en longues tresses sur leurs épaules.

Les Européens non mariés, — et à Tunis ils forment majorité, — préfèrent les Maltaises aux Juives.

La plupart de leurs maîtresses sont de cette nation; quelques-unes sont Italiennes, quelques-unes sont Françaises.

Toutes les femmes, à Tunis, font un grand usage de parfums ; le musc et l'essence de benjoin sont les odeurs qu'elles préfèrent. Cette dernière préparation surtout est favorite pour leur eau de toilette.

La préparation de cette liqueur est fort simple. Voici la recette des Maures :

« Infuser une once de benjoin concassé dans quatre onces d'alcool pur, pendant huit jours au soleil, dans une bouteille bien bouchée ; puis filtrer au papier buvard. Résultat : liqueur d'un jaune d'or très-limpide et d'odeur très-agréable, dont quelques gouttes suffisent à blanchir l'eau de tout un bassin de toilette. »

LA FEMME ARABE.

L'Arabe qui a amassé les douros nécessaires pour se marier s'informe dans le voisinage de l'objet qui pourra lui convenir.

Ce qu'il lui faut, ce n'est pas une houri, ce n'est pas la réalisation d'un rêve de jeunesse, c'est une créature qui lui fasse son pain, qui lui tisse son burnous.

(Pour les besoins du cœur, il y a la femme du voisin, le mystère des nuits sombres.)

Le lendemain du mariage, ou à peu près, commence pour la femme une litanie quotidienne que nous allons énumérer :

Traire les vaches et les chèvres, battre le lait pour faire le beurre, aller au bois et à l'eau, quelquefois fort loin de la tente, revenir chargée comme une bête de somme, moudre le grain, pétrir le pain, cuisiner le couscoussou, et tisser ou rentraiter le burnous, souvent panser le cheval, — grelottant en hiver les pieds nus, rôtie en été sous un soleil de feu.

Pendant ce temps, le mari passe la journée, étendu à l'ombre d'un buisson, fumant sa pipe, ou ne pensant à rien.

En temps de guerre, dans les razzias de tribus à tribus, elles passent à l'état de bétail et les vainqueurs se les partagent comme ils se divisent le butin et les moutons.

Enfin, la femme arabe est devenue cette pauvre créature vile et méprisée qui n'a de la femme que le sexe et la faculté de procréation commune à toutes les femelles.

La pudeur lui est tout à fait inconnue ; et, sans remords, elle se livre à l'occasion au premier venu. Toute sa morale consiste à n'être pas vue.

Si elle n'est pas découverte, par Allah ! c'est une honnête femme ; dans le cas opposé, le mari joue du bâton.

Le mari d'ailleurs lui donne l'exemple des débordements en rapportant à sa tente ce qu'il est allé chercher chez sa voisine, ce que sa femme communiquera à un autre voisin qui... etc., etc., de sorte que cette maladie que, du temps de François Ier on appelait napolitaine à Paris, et française à Naples, reliera bientôt toute la tribu ; et ce cas se présente fréquemment : maladie qui détermine dans ces climats l'éléphantiasis dont nous avons déjà dit quelques mots.

Généralement, on se fait en France une idée très-fausse sur le caractère de la polygamie chez le peuple arabe.

Nous jugeons la situation au point de vue particulier où l'éducation nous a placé et nous nous figurons que l'Arabe a plusieurs femmes uniquement pour varier ses plaisirs.

Les quatre femmes qui vivent sous la tente d'un Arabe n'ont que trois choses à faire, en tant qu'agrément, et elles s'en acquittent avec une périodicité inaltérable :

Travailler ;

Se battre entre elles ;

Et être battues par leur époux commun.

Elles remplacent, sous la tente, les arts manuels qui manquent partout où il y a des Arabes, et dont l'usage est partout indispensable à l'existence ; alors les femmes en tiennent lieu.

Elles font l'office du meunier, du boulanger, du cuisinier, du pâtissier-confiseur, du tisserand, du tailleur, du maçon, de la bête de somme et du palefrenier.

Le dernier degré hiérarchique de la tente arabe, c'est une femme maladive ou maladroite.

Le premier degré, c'est quatre vigoureuses gaillardes, capables d'abattre beaucoup de travail en peu de temps.

On dit du premier une tente de bergers et de l'autre une tente de sultan.

DERNIER MOT

Quand on a parcouru en tous sens la Tunisie, on est bien convaincu qu'il faut prodigieusement en rabattre de la réputation d'imagination qui a été faite aux conteurs arabes.

Ils n'avaient pas besoin de se mettre en frais d'invention, il leur suffisait de copier les splendeurs de la riche nature que la création s'était chargée de broder elle-même.

Malheureusement, les sables envahisseurs se font la part de plus en plus large ; ils englou-tiraient même bientôt complétement le territoire, si l'homme ne luttait continuellement pour arrêter les vagues mobiles qui de jour en jour s'avancent plus menaçantes du Sud vers le Nord.

Malheureusement encore, faute d'une administration équitable, cet Éden embelli par la nature et qui, secondé par le travail de l'homme, devrait être le séjour du bonheur et de la félicité terrestres est au contraire habité par la misère, et les dissensions y sont établies à demeure à cause de la mauvaise distribution des impôts qui écrasent le cultivateur.

Ainsi, dans les riches contrées méridionales de la Régence, frontières de la Tripolitanie, les habitants non protégés voient à chaque instant leurs troupeaux de moutons et autres bestiaux enlevés par les tribus indépendantes de Bédouins (Arabes) pour qui le pillage est, non pas une seconde, mais une première nature.

Les ruines que l'on rencontre à chaque pas, depuis les côtes jusqu'au milieu du désert, attestent l'importance immense que la civilisation avait prise il y a quinze ou trente siècles dans ce centre africain.

Ce ne sont partout qu'anciennes citernes, converties depuis en étables; et la saleté proverbiale des Arabes fait qu'elles auraient grand besoin d'un Hercule ou d'un Empédocle.

Dans chaque ruine de cité, on retrouve des ruines d'arcs-de-triomphe, de palais grandioses et de vastes théâtres, construits avec des pierres énormes et d'un transport difficile.

C'est à tort, selon nous, que les historiens, presque tous à courte vue, ont attribué aux Romains ces gigantesques constructions.

Les Romains n'étaient ni des créateurs, ni des constructeurs, mais, comme les Bernard-l'Ermite qui s'introduisent dans les coquilles des autres, ils se contentaient de prendre possession et d'apposer, en guise de marque de fabrique, des inscriptions sur tous. les monuments qu'ils avaient réparés après les avoir endommagés par la conquête à main armée.

Nous ne parlons ici que des gigantesques constructions d'utilité publique, telles que aqueduc de Carthage et autres aqueducs, endiguements de rivières, établissements de bains thermaux, théâtres, etc.

Il est avéré pour nous, quoi qu'en aient dit les historiens de l'Empire romain et du Bas-Empire, que l'aqueduc de Carthage et mille autres travaux sur lesquels on retrouve encore aujourd'hui des inscriptions postérieures à notre ère et le monogramme du Christ, il est bien avéré, disons-nous, que ces constructions remontent à une période, milliaire au moins, précédant la première occupation romaine.

Pour ne citer que le fameux amphithéâtre d'El-Djem, dont nous avons parlé, et dans lequel on n'a retrouvé aucune inscription qui pût en constater l'origine, il est évident pour nous que ce monument a servi de modèle à ceux que les Romains bâtirent dans Rome d'abord, et ensuite dans leurs colonies, car du temps de César, Rome ne possédait aucun théâtre de pierre, et les divertissements du cirque y étaient inconnus.

Le premier théâtre de pierre fut construit par Pompée (699 de Rome, 50 ans avant (J.-C.).

Le second par Auguste Marcellus (743 de Rome), et le troisième, la même année, par Balbus.

Avant ces théâtres, les spectacles de comédies avaient lieu sur les places publiques, et le peuple y assistait debout (Tacite).

C'est d'Afrique, de Carthage, et de Thysdrus (El-Djem), que leur est venue l'idée et la forme des amphithéâtres, ainsi que les spectacles du combat des fauves que l'on y donnait.

Nous avons parlé tout à l'heure du chiffre ou monogramme du Christ, que l'on rencontre quelquefois gravé sur des pierres qui ont appar-

tenu à d'anciennes basiliques, voici les trois mo-
dèles que nous avons trouvés dans les facsimile
d'inscriptions :

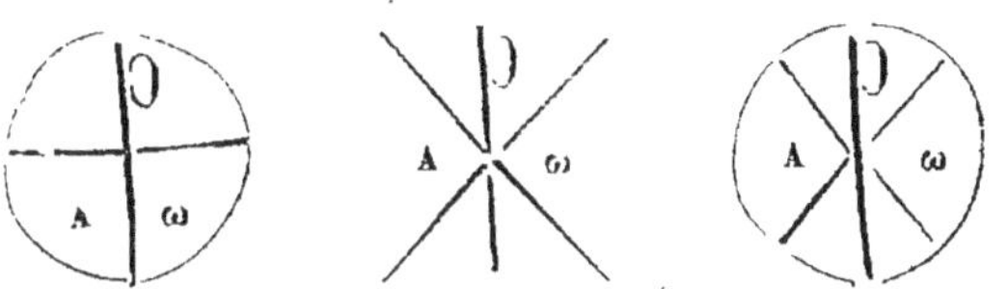

Le *rau* grec signifie Rome, et les deux autres
lettres indiquent que Rome est l'*alpha* et l'*oméga*
de la religion chrétienne représentée par ces
croix + ✗ entourées d'un cercle qui représente
le monde.

Nous n'avons consigné ce fait qu'à titre de curiosité historique.

Un détail de mœurs ou d'habitudes commerciales que nous avons omis dans le cours de
cet ouvrage, parce qu'il est à sa place partout
dans la Régence, c'est l'aspect des marchés
publics.

La population du lieu où il se tient, double,
triple subitement.

De tous les villages et douars environnants
les Arabes, les cultivateurs et les marchands fabricants s'y rendent.

Dès le matin on peut à peine circuler dans les rues. Les places, généralement étroites, et les bazars sont tellement encombrés qu'il faut employer la force pour se frayer un passage à travers ces flots d'hommes pressés qui se heurtent en tous sens et du milieu desquels s'élève une rumeur immense, pareille au bruit d'une mer agitant des galets.

Chacun est armé de son fusil.

Quelques-uns portent de petits tromblons, sorte de pitolets d'arçon à large gueule.

La place retentit de cris tumultueux, comme chez nous autour de la corbeille de la bourse.

Partout, entre acheteurs et vendeurs, discussions vives et animées, accompagnés d'une pantomime exagérée, mais qui s'apaisent subitement avec la même facilité qu'elles ont commencé.

On dirait qu'ils veulent se faire peur l'un à l'autre, et comme tous les deux montent au diapason de l'interlocuteur, il arrive nécessairement un moment où, ne pouvant plus hausser la voix qui a atteint sa limite, son ut dièze, ils la laissent retomber dans le grave, pour bientôt recommencer après un instant de répit.

Ce spectacle est une véritable curiosité, mais il est toujours le même, où que l'on se trouve.

La dignité du Bey est héréditaire dans la famille aujourd'hui régnante.

Sidi-Mohamed-Sadek, le bey actuel, descend de H'assan-ben-Aly, petit-fils d'un renégat grec qui fut élu par l'armée dans le commencement du dix-huitième siècle.

Cette dynastie n'a donc pas dans les veines de ce mauvais sang arabe rebelle à toute civilisation, c'est ce qui explique pourquoi, de tous les États barbaresques, la Tunisie est la contrée où le progrès est appelé à s'implanter à nouveau et plus rapidement qu'en toute autre partie de l'Afrique.

L'ordre de succession actuellement adopté dans la Régence n'est pas, comme dans les États européens, en ligne directe et descendante; c'est toujours le membre le plus âgé de la famille qui est désigné comme l'héritier présomptif et successeur du Bey régnant.

Le prédécesseur de Sidi-Mohamed-Sadek, Sidi-Achmeth ne voulut pas même avoir de femmes légitimes; peu lui importait de laisser après lui des enfants, puisqu'ils devaient être exclus du trône, dévolu par avance à son cousin, le Bey du camp.

Nous ne terminerons pas une œuvre, hélas!

bien incomplète, sans apporter au pied du trône du Bey actuel, le tribut de notre admiration pour son esprit si libéral et si disposé au progrès. Nous sommes convaincu que la civilisation, loin de l'effrayer, l'entraînera aux réformes indispensables pour constituer son peuple en nation; car, malgré tout, le territoire tunisien, cette admirable et ancienne terre d'Ifrikia, possède toujours tous les éléments nécessaires au rétablissement de sa prospérité; rien n'y manque que la volonté ferme de la relever à ses propres yeux et aux yeux des autres nations.

C'est une belle œuvre à accomplir.

Quand on songe que malgré tous les désastres qui l'ont accablé, ce territoire, la quatrième partie à peine de notre province d'Algérie, est encore peuplé de trois millions d'habitants, quand notre Algérie toute entière n'en compte pas plus de deux millions et demi, et encore !... il eût été à désirer, dit un jour un général français, dont le nom nous échappe, que le fameux coup d'éventail, cause déterminante de la guerre algérienne, eût été donné au consul de Tunis.

La colonisation, en effet, n'y eût point rencontré les obstacles sans cesse renaissants qu'elle a à combattre en Algérie. La population, influence du sol, y est plus traitable, et le pays est plus disposé à la civilisation.

Cependant les Européens ne doivent encore se faire aucune illusion sur l'espèce de considération dont ils semblent jouir dans cette partie des États Barbaresques.

C'est la peur, et pas un autre sentiment qui les préserve d'insultes.

Il est bien entendu qu'en constatant ceci, nous ne prenons pas à partie les autorités du pays qui, ainsi que nous l'avons dit, font au contraire le plus cordial accueil à nos nationaux (1), nous parlons du peuple ignorant que le fanatisme égare. Les religions quelles qu'elles soient ont toujours été en travers des relations amicales de peuple à peuple.

Mais avec le temps, la tolérance religieuse arrivant peu à peu, les Européens ne seront plus traités comme des « chiens, » et les Musulmans reconnaîtront que nous avons beaucoup plus de bon que de mauvais.

Déjà, depuis une vingtaine d'années, à Cons-

(1) Ce qui s'est passé il y a un an le prouve suffisamment et fait le plus grand honneur au prince Mohammed et à son Kasnadar.

tantinople, au Caire, à Alexandrie, les Oulémas, les Cheiks et autres chefs de la religion musulmane assistent publiquement au théâtre.

A Alexandrie, en 1845, le vice-roi d'Égypte, la veille de Noël, a envoyé des voitures de la cour prendre l'évêque et le clergé catholique, et les amener au palais pour y assister à un dîner officiel.

Et à Tunis, les jeunes Musulmans prennent part aux bals des dames françaises, dansent, valsent, boivent du punch, du champagne et des vins chauds.

Ah! si la race arabe pouvait être rejetée hors des frontières!

FIN.

TABLE DES MATIÈRES

LITTORAL NORD-EST. — SCHERICK. — CAP BON.

LITTORAL EST.

LES ILES.

PROVINCE CENTRE-EST.

PROVINCE DE L'OUEST.

LE SUD.

—

TROISIÈME PARTIE

QUATRIÈME PARTIE

FIN DE LA TABLE.